I0468205

Inteligencia Empresarial

Una Vida Inteligente

Tener un negocio te permite tener una

¡Vida Abundante!

En muchos aspectos, dirigir un negocio es como participar en un juego, y estar al tanto del negocio es muy similar a analizar juegos como el béisbol. Los verdaderos aficionados a dicho deporte conocen cientos de estadísticas, como porcentaje de bateo o de carreras obtenidas. De manera similar, si te tomas en serio el negocio, deberás poder cuantificar las estadísticas que describan la operación del negocio. Las finanzas en general, y el scorecard (tablero de control) en lo particular, son las fichas (anotaciones) para evaluar los resultados; por ello son llamados **"El Lenguaje De Los Negocios"**.

Todo juego tiene tres componentes primarios que comparten con los negocios, estos son:

1. El objetivo: ganar, por lo que existe un tablero con el marcador en puntos que determinan si se está ganando o no. (tienen una meta clara y se debe ir midiendo el desempeño para irlo consiguiendo o redireccionar las estrategias)

2. Reglas Claras (una serie de conductas y valores que se deben de cumplir y de no hacerlo existen consecuencias)

3. Requiere de ser disfrutado (divertirse tanto si se juega en equipo o en lo individual, pero es necesario el constante entrenamiento en las habilidades que mejoren el desempeño personal y del equipo)

¿QUÉ ES Y CÓMO SE APROVECHA LA INTELIGENCIA EMPRESARIAL?

Se denomina **inteligencia empresarial, inteligencia de negocios** o **BI** (del inglés *business intelligence*) al conjunto de estrategias y herramientas enfocadas a la administración y creación de conocimiento mediante el análisis de datos existentes en una organización o empresa. En consecuencia, el término **inteligencia empresarial** se refiere al uso de datos en una empresa para facilitar la toma de decisiones. Abarca la comprensión del funcionamiento actual de la empresa así como la anticipación de acontecimientos futuros, con el objetivo de ofrecer conocimientos para respaldar las decisiones empresariales.

Es preciso diferenciar datos, informaciones y conocimientos, conceptos en los que se centra la inteligencia empresarial, ya que como sabemos un dato es algo vago, por ejemplo "10,000", la información es algo más preciso, por ejemplo "Las ventas del mes de mayo fueron de 10,000", y el conocimiento se obtiene mediante el análisis de la información, por ejemplo "Las ventas del mes de mayo fueron 10,000. Mayo es el mes más bajo en ventas". Aquí es donde la Inteligencia Empresarial entra en juego, ya que al obtener conocimiento del negocio una vez capturada la información de todas las áreas en la empresa es posible establecer estrategias a seguir y evaluar el desempeño hasta el momento actual.

Las herramientas de inteligencia empresarial se basan en la utilización de un sistema de información que se forma con distintos datos extraídos de las distintas áreas de la empresa como comercial, administración, producción, sus ámbitos del mercado y con datos económicos.

Por último, las herramientas analíticas posibilitan el modelado de las representaciones con base en consultas para crear un cuadro de mando integral que sirve de base para la presentación de informes.

Este conjunto de herramientas y metodologías tienen en común las siguientes características:

- Accesibilidad a la información. Los datos son la fuente principal de este concepto. Lo primero que deben garantizar este tipo de herramientas y técnicas será el acceso de los usuarios a los datos con independencia de la procedencia de estos últimos, sin embargo es preciso el "conceder" autorización a quienes pueden ver la información, esto aunado a la claridad de los datos a evaluar, no toda la información es útil para la empresa y la toma de decisiones, sino solamente aquella que ayuda a corroborar en qué medida se está logrando las metas y el presupuesto del proyecto.
- Apoyo en la toma de decisiones. Se busca ir más allá en la presentación de la información, de manera que los usuarios autorizados tengan acceso a herramientas de análisis que les permitan seleccionar y manipular todos aquellos datos que les interesen y cumplan un objetivo previamente definido.
- Orientación al usuario final. Se busca independencia entre los conocimientos técnicos de los usuarios y su capacidad para utilizar estas herramientas.

La estrategia debe ser vista como un proceso creativo, buscar nuevas formas de hacer las cosas, de generar valor en el mundo de continuo cambio, y ser efectivo en el corto plazo por lo cual se necesita:

1) La habilidad para integrar y administrar éste conocimiento
2) La imaginación para visualizar acciones alternativas a las usuales y analizar sus consecuencias
3) La pericia para manejar los recursos y atender las necesidades actuales sin dejar de construir el futuro deseable.

El modelo de negocio basado en la Inteligencia Empresarial es un modelo que atribuye aspectos dinámicos (de vida) a un ente que es la empresa, por ello es necesario dinamizar el quehacer de los negocio buscando desarrollar a la empresa y a las personas que la dirigen, maximizando sus capacidades y balanceando el crecimiento de ambos por medio de un constante desarrollo para lograr un equilibrio entre el desarrollo de la empresa y el de su equipo gerencial (directivo). Es una dinámica en la que se trabaja con el negocio y con las personas a cargo...

La parte del equipo directivo se relaciona directamente con sus habilidades y destrezas para maximizar su desempeño laboral /empresarial. En el campo de acción, es crearles hábitos exitosos, estos son:

- Liderazgo: por medio de una gestión bien ordenada y organizada, esto es indistinto de la personalidad de la persona, se enfoca en tener Metas claras (SMART) y Reglas claras del juego (Valores, Misión y consecuencias de incumplimiento)
- Manejo de Equipo: en este punto es el verdadero valor del apalancamiento para hacer crecer el negocio, es bien importante el correcto desarrollo del equipo

con el que se trabaja, es decir lo importante en este punto es tener los Indicadores Claves de Desempeño o KPI, que son aquellas métricas que nos indican cómo se está desempeñando el equipo en lo general y en lo particular, si no se está llegando a los niveles deseados, es la segunda parte de este punto, el tener un plan de desarrollo del personal por medio de nuevas habilidades o especialización en algún área del negocio con el fin de cumplir las metas.

- Gestión adecuada de las prioridades y agenda: el punto aquí radica en tener las metas claras y el plan de acción, todo esto para crear el sentido de enfoque, propósito y dirección propios (tanto en la vida como en el negocio...)
- Pensamiento Estratégico: este es el punto culmen del desarrollo personal-empresarial, es el punto en donde se analizan las situaciones específicas del negocio y se desarrolla una serie de estrategias, gobernadas por un plan, y que mejor nos conduce a obtener el resultado cumpliendo las normas del negocio para hacerlo.

A nivel de Empresa, se desarrollan los hábitos económicos que tienen que tener en la Dirección del negocio para hacer crecer a la empresa... Para este fin se contempla al negocio desde las tres responsabilidades básicas del director para con el negocio:

1. El objetivo primario de cualquier negocio es Generar y Retener clientes, esta es una doble misión que se debe cumplir de forma constante (es mejor hacer lo correcto en pequeñas cantidades por un largo periodo de tiempo) lo correcto es atender clientes, con estrategias que generen clientes nuevos para que no se ponga en riesgo al negocio

y retener a los clientes que se tiene, desarrollándolos por medio de estrategias de fidelidad) El punto importante aquí es asegurarse de estar tratando con los clientes a los que se quiere atender, no todo el que compre es un cliente ideal, y el reconocerlo hace la diferencia entre ser Rentable o ir a la quiebra.

2. Tener Utilidad: esta se consigue Aumentando la venta y aumentando el margen (Utilidad = Ventas X Margen) hay una serie de formas y estrategias especificas para lograr esto, pero lo importante es tener en la mente el pensamiento de generar utilidad siempre...

3. FEO (Flujo de Efectivo Operativo) esto es lo más importante, el flujo de efectivo es la sangre del negocio, y el más importante es el operativo, el que proviene de la operación del negocio, en este punto es importante el observar si el dinero de la utilidad está en el Inventario, CXC, Activos Fijos o CXP, se analiza las entradas de dinero, las salidas y el saldo para poder conocer cuáles son los hábitos del negocio respecto a la inteligencia financiera.

Para poder comprender mejor el modelo de negocio basado en la Inteligencia Empresarial es necesario comprender el significado de las dos palabras que la conforman, esto es Inteligencia y Empresa. En los siguientes capítulos se hace una descripción completa y detallada de estos términos a fin de poder crear la base que te permita implementar un modelo de negocio basado en el sistema de Inteligencia Empresarial que te brinde una mejor calidad de vida y un negocio creciente, es decir una vida ¡ABUNDANTE!

¿QUÉ DEFINIR COMO INTELIGENCIA?

Existen muchas definiciones sobre la inteligencia, aun no se logra tener un concepto común pero procuraré explicarlo lo mejor posible.

La palabra inteligencia proviene del latín, *intellegentia*, que proviene de *intellegere*, término compuesto de *inter* 'entre' y *legere* 'leer, escoger', por lo que, etimológicamente, inteligente es quien sabe escoger. La inteligencia permite elegir las mejores opciones para resolver una cuestión. Se ha tenido la idea de que la inteligencia se mide por la capacidad de resolver problemas complejos, de escribir, de leer y de utilizar la tecnología a cierto nivel. Esta visión de la inteligencia es el principio de la educación formal, pero provoca cierto letargo en el desarrollo del ser humano; hemos llegado a creer que una persona es inteligente si tiene los suficientes créditos que lo certifiquen… lo que ha sido demostrado su equivocación en innumerables oportunidades.

Howard Gardner, psicólogo norteamericano de la Universidad de Harvard, escribió en 1983 "Las estructuras de la mente", un trabajo en el que consideraba el concepto de inteligencia como un potencial que cada ser humano posee en mayor o menor grado, planteando que ésta no podía ser medida por instrumentos normalizados en test de CI (coeficiente intelectual) y ofreció criterios, no para medirla, sino para observarla y desarrollarla.

Según Howard Gardner, creador de la Teoría de las inteligencias múltiples, la inteligencia es la capacidad para resolver problemas o elaborar productos que puedan ser valorados en una determinada cultura. Propuso varios tipos de inteligencia, igual de importantes:

- Inteligencia lingüística: capacidad de usar las palabras de manera adecuada. Caracteriza a escritores y poetas. Implica la utilización de ambos hemisferios cerebrales.

- Inteligencia lógica-matemática: capacidad que permite resolver problemas de lógica y matemática. Es fundamental en científicos y filósofos. Al utilizar este tipo de inteligencia se hace uso del hemisferio lógico. Era la predominante en la antigua concepción unitaria de "inteligencia".

- Inteligencia musical: capacidad relacionada con las artes musicales. Es el talento de los músicos, cantantes y bailarines. Es conocida comúnmente como "buen oído".

- Inteligencia espacial: la capacidad de distinguir aspectos como: color, línea, forma, figura, espacio y sus relaciones en tres dimensiones. Esta inteligencia atañe a campos tan diversos como el diseño, la arquitectura, la ingeniería, la escultura, la cirugía o la marina.

- Inteligencia corporal-cinestésica: capacidad de controlar y coordinar los movimientos del cuerpo y expresar sentimientos con él. Es el talento de los actores, mimos y/o bailarines. Implica a deportistas o cirujanos.

- Inteligencia intrapersonal: está relacionada con las emociones, y permite entenderse a sí mismo. Relacionada con las ciencias psicológicas.

- Inteligencia interpersonal o social: capacidad para entender a las demás personas con empatía; está relacionada con las emociones. Es típica de los buenos vendedores, políticos, profesores o terapeutas.

- Inteligencia naturalista: la utilizamos al observar y estudiar la naturaleza para organizar y clasificar. Los biólogos y naturalistas son quienes más la desarrollan.

- Inteligencia existencial o filosófica: la capacidad para situarse a sí mismo con respecto al cosmos y autosugestionarse.

Sin embargo es de notar que una persona con las habilidades de cualquiera de las inteligencias múltiples, que pasa por un proceso de mucha presión, tiende a no actuar de acuerdo a sus conocimientos y/o habilidades personales, sino que en muchas ocasiones, actúa de forma contraria a sus creencias, esta observación fue el detonante del término Inteligencia Emocional.

Daniel Goleman, psicólogo estadounidense, publicó en 1995 el libro *Emotional Intelligence*, "Inteligencia emocional", que adquirió fama. Para Goleman la inteligencia emocional es la capacidad para reconocer sentimientos propios y ajenos, y la habilidad para manejarlos. Considera que la inteligencia emocional puede organizarse en cinco capacidades: conocer las emociones y sentimientos propios, manejarlos, reconocerlos, crear la propia motivación, y manejar las relaciones.

En los negocios se habla de Inteligencia Financiera, otro término más de la Inteligencia Empresarial, la cual se refiere al hecho de comprender cómo se comporta el dinero, teniendo un pensamiento positivo acerca del dinero, con metas claras sobre la riqueza que deseas y necesitas tener. Es contar con hábitos buenos para generar ingresos, acumular riqueza y no desperdiciar recursos.

Stephen Covey describe en su libro de los 7 hábitos de la gente altamente efectiva, en el primer habito (Ser Proactivo), un complemento al concepto de la Inteligencia (Saber elegir):

> "Entre el estímulo y la respuesta, existe un espacio. En ese espacio radica el poder de elegir nuestra respuesta. En nuestra respuesta radica nuestro crecimiento y nuestra libertad. Ser proactivo es la habilidad de actuar con base en principios y valores más que reaccionar con base en la emoción o las circunstancias y así tomar la decisión de responder con aquello que mejor nos conviene.
> De ti y de las elecciones que hagas depende que las experiencias en tu vida sean estimulantes y agradables o todo lo contrario... Vivir el momento presente, ponerte en contacto con tu "ahora" constituye el meollo de una vida positiva."

O como escribió Carlos Castaneda (mencionado en el libro de Tus Zonas Erróneas de W. Dyer):

> "El hombre sabio es aquel que vive actuando, no pensando en actuar, ni pensando en lo que pensará cuando haya terminado de actuar... El sabe que su vida habrá terminado demasiado pronto; él sabe,

porque él ve, que nada es más importante que ninguna otra cosa. Así pues, el hombre sabio suda y resopla y si uno lo observa es igual a cualquier otro hombre excepto que él controla la locura de su vida. Ya que nada es más importante que ninguna otra cosa, el hombre sabio, el hombre de conocimiento escoge cualquier acto, y actúa como si le importara. El control que tiene sobre su locura le impulsa a decir que su actuación importa y hace que actúe como si importara, y sin embargo sabe que no es así; de modo que cuando cumple con sus actos, se retira en paz, y el hecho de que sus actos hayan sido buenos o malos, hayan resultado o no, no es cosa que le preocupe"

Con esto en mente, me queda como conclusión que la verdadera medida de la INTELIGENCIA es una vida feliz y efectiva vivida cada día y en cada momento. Si eres feliz, si vives cada momento, aprovechando al máximo tus posibilidades, entonces eres una persona inteligente.

La capacidad de resolver problemas es un aditamento útil a tu felicidad, pero si tú sabes que a pesar de tu falta de habilidad para resolver ciertos tipos de cosas puedes elegir lo que te haga feliz, o que, por lo menos, puedes evitar lo que te hará infeliz, entonces se podrá decir que eres **Inteligente**.

¿CÓMO CONSIGO UNA VIDA ABUNDANTE?

Y la pregunta ahora es ¿Qué es una vida abundante? Este es otro tema que ha tomado un matiz muy soñador y poco realista, se tiene la idea que una vida plena, una vida abundante es cuanto se tiene Todo lo que mi capricho pida, y esto generalmente no es cierto, porque se está evaluando la plenitud solamente en un campo de mi vida: el externo, y todo lo externo no está en nuestro campo de influencia o control, por ello la plenitud, al igual que la Inteligencia, es un aspecto que tiene que ver con mi interior, con mis actitudes personales y los de la empresa.

Una vida Abundante, tiene que ver con tres puntos o características muy bien definidas y que finalmente son la base para conseguirla:

- SERVICIO, es tener una actitud de servicio, y saber que lo que haga (personal como laboral) tiene un beneficio para los demás

- VALORAR TODO POSITIVO, es tener la predisposición de reconocer que todo lo que sucede, toda circunstancia es positiva para mí y para el negocio, porque me permite mantener una actitud dinámica de solución de retos, lo que me exige un constante crecimiento. Es comprender que todo es bueno, que hay veces que se gana y otras que se aprende.

- AGRADECIDO, esta es quizá la más obvia y por lo tanto la que menos se realiza, el ser agradecido es una decisión, comprender que lo que sucedió ya sucedió y tuve mi oportunidad de vivirlo, si lo aprovecho o lo dejo pasar es mi responsabilidad y no de otro, por ello, los otros solo fueron los instrumentos por los que se me presentaron las oportunidades, lo que redunda en un sentimiento de profundo agradecimiento...

En el mundo de una economía global, lo económico, lo social y lo ambiental tiene una relación que hay que conservar en equilibrio para lograr la plenitud y abundancia, esta connotación mayor surge de una visión de TODO el panorama; en donde se interrelacionan los 3 factores involucrados...

Se ha denominado "Desarrollo Sustentable" y se define como el desarrollo económico mediante el uso eficiente de la tecnología más apropiada en la producción para evitar contaminaciones o degradación ecológica / ambiental y produciendo bienes y beneficio social.

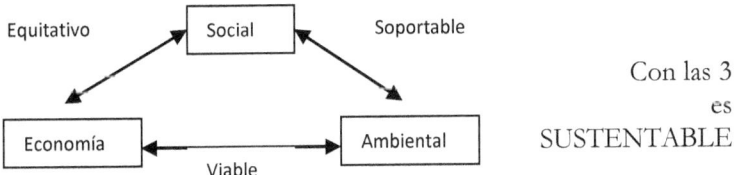

Con las 3 es SUSTENTABLE

Los 4 Aspectos para Crecer Personalmente y ser más inteligente

Hoy día existe un sentimiento común a muchas personas, un sentimiento de una vida vacía, carente de sentido y resultados... que consideran que el problema está en las circunstancias que les ha tocado vivir. Antes de crear la vida que deseas, es necesario entender cómo estás creando la vida que tienes ahora. Asumir el 100% de la responsabilidad sobre los resultados que estás obteniendo te habilita para crear resultados diferentes.

El problema radica en que a la mayoría de nosotros nos han enseñado a culpar a los agentes externos a nosotros por eventos y sucesos que no nos agrada de nuestra vida. Generalmente culpamos a los hechos que nos pasan en vez de reconocer que somos nosotros los que creamos los resultados que experimentamos.

¿Has notado que te quejas de las cosas que pueden ser diferentes? (de las que puedes hacer algo para cambiarlas) ¿y que solamente te quejas con las personas que no pueden hacer nada al respecto? Porque es menos riesgoso.
¿Qué es lo que realmente pretendes al quejarte? Es más ¿Qué estás haciendo al respecto? Cambia las quejas por propuestas y toma las acciones necesarias que te lleven a los resultados que deseas. Es necesario tomar un gran paso creándote la vida que deseas.

El mayor reto se genera en que a pesar de que estás consiente que es necesario el cambio, te aferras a conductas no funcionales. Es mejor tomar acción y empezar a trabajar de forma diferente (cambiar) o corres el riesgo de caer en la primera ley del Sin Sentido:

"Actuar de la misma forma y esperar que el resultado sea diferente"

Mucha gente muy capaz comete Sin Sentidos al no modificar acciones que han probado su falta de resultados e insistir en actuar de la misma forma. Es más, en ocasiones utilizan su gran inteligencia lógica y capacidad argumentativa para defender los Sin Sentidos emocionales; recurren a argumentos lógicos para defender posiciones absurdas, frecuentemente originadas en problemas emocionales profundos e inconscientes.

Al hablar de conductas Sin Sentido, no me refiero a personas Sin Sentido o vidas Sin Sentido, lo que busco es generar la reflexión sobre la posibilidad de estar tercamente enfrascado(a) en una misma conducta sin resultados, e insistir absurdamente en ella. Equivocarte no te convierte en alguien con hábitos Sin Sentido, lo que verdaderamente carece de sentido es permanecer en el error.

Existen dos conceptos (explicados por Erich Fromm en su libro "la revolución de la esperanza") que explican en gran parte este comportamiento, existe lo que se denomina **Esperanza Pasiva y la Esperanza Activa**; la primera se base sólo en los buenos deseos, pero sin ninguna acción responsable que modifique los resultados. Es actuar con lo que denomino disciplina estúpida (aferrarse a conductas, estrategias, que no dan buenos resultados, enfrascándose en círculos viciosos degenerativos sin intentar cambiar realmente).

¿Cómo esperar mejores resultados si se continúa actuando igual que cuando no se han obtenido? Es necesario actuar de forma diferente si deseas un resultado diferente también.

¿Por qué creer que espontáneamente este año, este mes, hoy las cosas van a mejorar sin hacer algo concreto al respecto? Si no te capacitas, si no aprender nuevas formas de actuar; si no te impones la tarea de comprometerte contigo mismo(a) la situación va a empeorar...

¿Demasiado obvio? Te sorprendería el número de personas que operan sobre la base de una esperanza pasiva. Literalmente se sientan a "esperar que algo pase" y mejore los resultados en diversas áreas de su vida.

La Esperanza Activa se fundamenta en la creencia que vale la pena actuar para que algo suceda, puesto que el posible resultado es deseable y alcanzable. Me gusta mucho la frase que dice "Si va a suceder... depende de Mí"
Existe la ecuación del resultado obtenido, que nos recuerda que lo importante es tomar acciones diferentes ante las siempre cambiantes circunstancias.

$$S + Rp = Rd$$

(Suceso + Respuesta = Resultado)

La idea básica es que todos los resultados que obtienes en la vida (éxitos o fracasos, riqueza o pobreza, salud o enfermedad, amistad o melancolía, alegría o frustración) son el resultado de tu respuesta a un suceso o a una serie de sucesos anteriores de tu vida.
El argumento de fondo es que tú eres el que hace que tu vida sea lo que es. Tú controlas lo que dices y lo que haces. También controlas lo que entra en tu mente. Todas las acciones están bajo tu control. Para tener más éxito, todo lo que tienes que hacer es actuar de un modo que produzcas más de lo que quieres.

Lo malo de las "soluciones parciales" es que carecen de un enfoque global basado en la responsabilidad personal. No le atribuyas factores mágicos o esotéricos a tu falta de responsabilidad para modificar lo que debes enfrentar.

No es por tu incompatibilidad zodiacal que tienes conflictos con otras personas, es porque no modificas tu estilo de comunicación con ellos. No es que tengas empleados indisciplinados o maleducados, es porque no has puesto en claro (y por escrito) las reglas y los límites con respecto al negocio y/o su trabajo.

Si algo no ha funcionado en el pasado, no tiene por qué funcionar en el futuro. Recuerda la primera ley del Sin Sentido, y en consecuencia, actúa de otra manera…

> Debes asumir tu responsabilidad personal.
> No puedes cambiar las circunstancias, las estaciones o el viento, pero te puedes cambiar a ti mismo.
> Si no estás alcanzando tus metas, no las cambies… "Cambia tú" y alcánzalas.
>
> Jim Rohn

Primer Aspecto: Aumenta tu Liderazgo

Lo primero y más importante es definir claramente lo que es liderazgo, hay quienes consideran que el liderazgo es un rasgo de la personalidad y en realidad es una cualidad que puedes tener innata o la puedes adquirir, y no es parte de tu personalidad, sino de las habilidades que posees, es independiente del tipo de personalidad que tengas.

"En esencia, el Liderazgo es el arte de lograr que los otros hagan <u>por su propia voluntad</u>… las cosas que <u>usted cree que deben hacerse</u>"

Vance Packard, The Pyramid Climbers. (1962)

Las características más importantes de los líderes son:
- Identificar oportunidades innovadoras para cambiar, crecer y mejorar.
- Experimentar y tomar riesgos, aprendiendo de pequeños errores y aciertos.

El **liderazgo** es el conjunto de capacidades que una persona tiene para influir en la mente de las personas haciendo que este equipo trabaje con entusiasmo en el logro de metas y objetivos. También se entiende como la capacidad de tomar la iniciativa, gestionar, convocar, promover, incentivar, motivar y evaluar a un grupo o equipo. En la administración de empresas el liderazgo es el ejercicio de la actividad ejecutiva en un proyecto, de forma eficaz y eficiente, sea éste personal, gerencial o institucional (dentro del proceso administrativo de la organización).

Las características indispensables de un buen líder son: sentir **Pasión** por lo que hace y por lo que quiere conseguir y el segundo es un sentido de **Responsabilidad** por sus resultados. A diferencia de alguien que dirige un equipo que pone toda su capacidad y esfuerzo (cuerpo y mente) el líder agrega su compromiso y su visión positiva de utilizar a su beneficio todo lo que sucede (espíritu y corazón).

Dos son los factores clave a desarrollar para poder incrementar el liderazgo, estas son:

- Metas Claras (SMART) (**Pasión**)
- Valores o Reglas Claras dentro de las cuales se permite la libre acción de los miembros del equipo (con consecuencia también claras en caso de incumplimiento) (**Responsabilidad**)

Metas Claras (SMART)

Para ser exitoso debes desarrollar *intencionalmente* un proceso de pensamiento propositivo. Pensar es una disciplina; escoge el horario adecuado, el lugar y el momento para hacerlo, es una práctica que debe aparecer en todo horario/agenda personal y empresarial. Para ser creativo debes pensar y actuar en forma creativa, esto se logra solamente si tienes metas claras y precisas (SMART de Específico, Medible, Alcanzable, Orientado a un Resultado y en un Tiempo Concreto) de forma visible y las revisas de forma constante.

Si no sabes qué quieres conseguir y hasta dónde quieres llegar, es casi imposible que lo consigas. Imagínate intentando tomar una decisión de personal o de actividades en tu gestión y no conoces tu situación actual en cuanto a los recursos asignados y el desempeño real de tu equipo. Tendría que tomar la perspectiva de "Ya veremos". Desgraciadamente, el método "Ya veremos" en los negocios y en lo personal tiende a fallar siempre. No verás nada, sobre todo en lo que a un aumento de tu eficiencia se refiere.

Al decidir una meta se debe responder un conjunto básico de preguntas mientras se planifica una tarea o actividad, éstas son el núcleo de la planificación exitosa:

- ¿Qué?   ¿Qué es lo que se busca de manera específica? Definir lo que se hará.
- ¿Cuándo?   ¿Cuándo va a suceder, cual es el periodo de tiempo para el programa?
- ¿Cómo?   ¿Cómo se va a hacer? Las estrategias que se proponen…
- ¿Quién?   ¿Quién lo va a hacer? ¿Quién es el responsable del trabajo?
- ¿Con qué?   ¿Cuáles son los recursos necesarios y con los que se cuenta?
- ¿Para Qué?   ¿Cuál es el beneficio, el motor que impulse, lo que es importante?

Establecer metas tiene beneficios definidos. Una vez se tiene un conjunto de metas, se tiene una forma de medir las decisiones y acciones, todo lo que se hace se puede medir con el siguiente criterio: **"¿Ayudará esto a alcanzar las metas?"**.

Al establecer metas claras se puede ayudar a otras personas a encaminarlas a un sentido de dirección consecuente y con un equipo comprometido a metas comunes es muy probable que la gente coopere. Cuando se escriben las metas se obtiene **Enfoque**, **Dirección** y un **Sentido de Propósito**.

La planificación es un proceso proactivo en el que se escoge lo que se desea que suceda para luego establecer el cómo se van a alcanzar las metas y lo que es requerido de quién las va a alcanzar. La planificación inicia al comienzo del proceso estructurando su funcionamiento pero no se detiene allí, los planes deben revisarse regularmente por los cambios y las circunstancias; el proceso de planificación debe ayudar a prever lo que puede suceder.

Planificar es trazar el plan del futuro (cumplir la visión), organizar es lograr tener las personas que hacen de ese futuro una realidad (Misión y Valores).

Valores o Reglas Claras

Los valores son las pautas que guían la forma de actuar de cualquier persona. La importancia de estos en los negocios radica en que, para tener éxito, las personas deben de comportarse de forma consistente y predecible, así como actuar conforme a la ética para alcanzar las metas propuestas.

Son los pilares para crear una cultura de la empresa. Los valores son las cualidades prácticas que las compañías desean alcanzar o mantener como parte permanente de su actuación.

Valores como el compromiso, perseverancia, confianza, voluntad y responsabilidad son fundamentales para que cualquier persona pueda triunfar y ser exitosa...

- Honestidad: Esto es ser congruente entre la forma de pensar y de actuar.

- Actitud de servicio: Esto es estar dispuesto a colaborar con los demás y ser servicial

- La Objetividad: Es ver las cosas y las situaciones tal y como son y no como me gustaría que fueran.

- Autoestima y búsqueda de superación: Con el primero se obtiene seguridad en las capacidades, además de brindar fortaleza para superar los momentos difíciles; mientras que buscar la superación es el valor que motivará el deseo de ser mejores en todos los aspectos y alimentará la capacidad de esforzarse cada vez más para alcanzar los objetivos propuestos.

- Gratitud, Respeto y Tolerancia a los demás, la puntualidad, coherencia y respeto a los demás: los hacen llevar por mejor camino sus negocios o proyectos de vida.

Comienza por enlistarlos siempre pensando que la operación de la empresa, así como las personas que en ella laboran, deben reflejar estos valores en forma congruente y consistente. Enlista por lo menos tres valores que influyen en tu vida profesional hasta un máximo de cinco, recuerda que tú eres el primero en dar ejemplo de cómo vivir estos valores... De estos valores especifica lo más importantes del cómo vivirlos ya que sin ellos tu operación no podría funcionar. Para ello responde las siguientes preguntas:

¿Cuál es la imagen que quiero dar a mis clientes?

¿Qué te caracteriza cuando das tu servicio?

¿Cuáles son tus creencias básicas acerca del servicio que provees?

¿Cómo tu negocio refleja estos tres valores?

¿Te gustaría cambiar o replantearte estos valores?

¿Experimentas algún conflicto con ellos?

Si experimentas algún conflicto, ¿cómo lo resuelves?

¿Admiras alguna empresa o persona? ¿Qué es lo que admiras de ellos?

Algunos ejemplos de valores organizacionales:

1. Trabajo en equipo
2. Honestidad
3. Excelencia
4. Respeto
5. Pro-actividad
6. Pertenencia
7. Calidad
8. Consistencia
9. Compromiso
10. Comunicación
11. Sistematización
12. Coordinación
13. Integración
14. Diversión
15. Integridad
16. Disciplina
17. Responsabilidad
18. Empatía

Cuando la mayoría de los empleados de una compañía han adoptado sus valores como propios, se puede verdaderamente decir que hay una cultura madura dentro de la organización.

Un ejemplo de cómo describir los valores de la empresa es enunciarlo y a continuación describir lo que se quiere decir con el valor, es decir la forma en que se debe de actuar dentro de la organización:

> "**Gratitud:** Me enfocaré en el reconocimiento de las virtudes en las personas con quienes interactúe. Buscaré tener resultados exitosos en todo lo que haga. Mantendré el deseo de logro y permitiré que otros logren... Daré las Gracias a las intensiones de los demás. Mostraré humildad, orgullo y confianza personal"

Segundo Aspecto: Manejo de Equipo

¿Cuál es la Cualidad más importante que debe desarrollar cualquier persona que esté al frente de un grupo para ser EXITOSO?

¡Dar Resultados a través de la Gente!

La definición comienza por la forma en que se mide su desempeño.

- Se miden por los resultados alcanzados, por la dirección de su gente y por el control de los recursos asignados.
- La diferencia fundamental entre el Management y otros tipos de trabajos, es que a los gerentes / directores se les mide por lo bien que trabajan las otras personas: ¡por el éxito de su personal!

Una tarea clave en Management es obtener y asignar recursos con la visión clara del negocio, no por lo que hoy es… ¡sino por lo que es posible en quien se convierta!

Management es alcanzar resultados a través de las personas y de los recursos; es decidir qué hace falta hacer, cómo se va a hacer y quién lo va a hacer. También es ver los problemas antes de que sucedan y planificar para evitarlos o minimizarlos, así como resolver los problemas imprevistos cuando surjan.

¿Cómo doy resultado a través de la gente?

¡Delegando Eficazmente!

Pasos para Delegar Eficazmente

Como todo proceso el objetivo de cada paso debe ser completado al 100% para poder pasar al siguiente, te recuerdo que hagas tus anotaciones para cada actividad a delegar.

Recordar delegar con **Autoridad** y con **Responsabilidad**...

Paso 1 Prepararse con Anticipación
- Define claramente la tarea a delegar:
  - Qué, quién, cómo, cuándo, dónde.
- Asegura que delegarás con las herramientas necesarias para llevar a cabo la tarea.

Paso 2 Comunica Adecuadamente
- Define claramente y explica cada tarea que deba ser realizada a la(s) persona(s) que delegarás.
- Sé explícito y no olvides aclarar detalles que puedan ser confusos. No sobreentiendas nada.
- Pide que repitan e incluso escriban la tarea delegada y los detalles para garantizar que han comprendido lo que se espera de ellos.

Paso 3 Establece con claridad los plazos
- Comunica y define con claridad las fechas en que se debe finalizar una tarea.
- Negocia cuando sea posible, escucha y analiza puntos de vista de tus colaboradores en las posibles situaciones que generen cambios en los plazos.

Paso 4 Determina el Nivel de Autoridad en relación con la Tarea

3 posibles niveles de Autoridad:
- Autoridad para Hacer Recomendaciones
  - Analizar alternativas y proponer la mejor opción.
  - Emplear este nivel cuando deseo recibir impresiones antes de tomar una decisión.
- Autoridad para Informar y Poner en Marcha
  - Analizar y escoger la mejor forma de actuar; informarme a mí de por qué es lo mejor; poner en marcha la opción escogida.
  - Emplear este nivel cuando quiero que alguien me informe antes de emprender ninguna acción, para que yo pueda interceptar problemas potenciales
- Autoridad para Actuar
  - Autoridad plena para actuar en relación con la tarea o el proyecto.
  - Emplear este nivel cuando tengo confianza en las capacidades de la persona y los riesgos son bajos.

Paso 5 Convocar Reuniones de Seguimiento y Control
Convocar a reuniones periódicas para saber lo que está ocurriendo y marcar pautas si fuera necesario. (Convocar pronto y con frecuencia al principio, y disminuir gradualmente)

Paso 6 Conclusión y Revisión de Resultados
Concluir el proceso de delegación con una sesión de revisión para comentar:

- Lo que ha funcionado bien
- Lo que se podía mejorar
- Lo que se ha aprendido.

¡¡¡Celebrar los triunfos!!!

Un adecuado manejo de equipo se basa en dos pasos muy específicos... el primero es tener los **Indicadores Clave de Desempeño** y el segundo es tener un **plan de capacitación y entrenamiento** para el desarrollo de las personas a las que se está liderando.

Indicadores Clave de Desempeño

Los KPI (del inglés *Key Performance Indicators*) o **Indicadores Clave de Desempeño**, miden el nivel del desempeño de un proceso, enfocándose en el "cómo" e indicando qué tan buenos son los procesos, de forma que se pueda alcanzar el objetivo fijado o Meta.

Supervisar el proceso por medio del análisis numérico (resultados) de las acciones emprendidas (estrategias) es la fase que certifica el proceso de gestión inteligente. Es el proceso paralelo a la ejecución de planes:

- Durante la supervisión se cumplen las metas establecidas en la planificación.
- No es sólo la última fase de un proceso, sino el comienzo del próximo

- La información y experiencia que se adquiere en esta fase proporciona ayuda a los nuevos planes y metas.

En este proceso se conoce lo que está sucediendo y se establecen normas, se compara el rendimiento real con el pronosticado y se puede redirigir los recursos si las cosas no van bien.

Lo primero es "Establecer los Indicadores Clave de Desempeño –KPI-"; las metas, programas y presupuestos que se establecieron en la planificación indican lo que debe estar sucediendo. De esta labor se derivan un conjunto de normas operativas que ayudan al progreso. Algunas veces se trabaja con normas preestablecidas, pero siempre se es responsable de supervisar y controlar el correcto cumplimiento de esas normas. Cuando se establece una norma, es útil incluir la varianza que se va a tolerar antes de tomar medidas (Consecuencias).

Incluir una declaración de tolerancia permite dirigir por excepción y solo se debe involucrarse cuando sucede algo inusual. Una vez involucrado, se pueden tomar decisiones reenfocando energía y recursos para que el trabajo se realice.

Cuando se está averiguando lo que está sucediendo, el papel es de "observador" esto es:
- ➢ Hacer rondas
- ➢ Hacer preguntas
- ➢ Escuchar las respuestas
- ➢ Observar lo que se hace
- ➢ Observar cómo se hace

Todo esto se logra a base de:
- ✓ Reuniones regulares
- ✓ Informes regulares de progreso.
- ✓ Reuniones regulares de calidad
- ✓ Caminar y observar cómo se hace el trabajo
- ✓ Revisar datos generados por la computadora
- ✓ Preguntar a la gente (clientes y empleados)

El siguiente paso es "comparar" lo que debe estar sucediendo con lo que realmente está pasando. Este trabajo de "juzgar" el desempeño es sencillo si se compara únicamente factores tangibles y cuantificables, si se debe medir factores menos tangibles o más subjetivos se debe tener y usar un buen juicio.

La mejor estrategia es la creación de un Tablero de Control; es un poderoso instrumento para medir el desempeño del negocio y se ha demostrado que es la herramienta más efectiva para enlazar **la visión, la misión y la estrategia** a cuatro medidas de desempeño. Además permite ofrecer una visión completa, siendo el elemento esencial del sistema de información que sirve de apoyo en su misión de mejorar el nivel de competitividad en el largo plazo.

Las cuatro perspectivas que conforman el modelo básico de Kaplan son:
- Perspectiva Financiera. (Probar y medir) Movimientos económicos y sus resultados/impactos
- Perspectiva del cliente. (Entrega y Distribución) La experiencia del cliente al tratar contigo
- Procesos Internos. (Sistemas y Tecnología) La eficiencia en los procedimientos y sus herramientas
- Aprendizaje y crecimiento. (Gente y Educación) La profesionalización del personal

Éste provee una estructura para centrarse en los indicadores de cada proceso crítico tales como: plan de negocio, distribución de recursos, estrategias y retroalimentación, aprendizaje, comportamiento ante los clientes internos y externos y hacia acciones comunitarias.

El tablero de control es un instrumento muy útil que permite adelantar tendencias y realizar una política estratégica proactiva, además porque ofrece un método estructurado para seleccionar los KPI guías que impactan. En esto radica precisamente su valor diferencial y característico.

Programa de Capacitación y Entrenamiento del Equipo

Un paso importante es cuando se observa que la varianza entre la norma prevista y lo real es grande. Es decir "analizar el problema" y redirigir los esfuerzos y recursos para resolverlo.

Etapa 1: Análisis
Etapa 2: Solución del problema

Cuando surge un problema se debe evaluar "opciones", lo mejor es comenzar con pequeños pasos incrementales. Entre las posibles opciones están:

❖ Aumentar Recursos: Si se está retrasado y se tiene presupuesto disponible pues esto implica a) Añadir personal extra, b) Comprar más equipo, c) Usar recurso extra

- ❖ Exigir: Si hay un retraso y no se tiene presupuesto se puede exigir que se cumplan las fechas tope, los presupuestos y las normas de calidad originales.
- ❖ Ponerse al día: Es reevaluar la programación y analizar en dónde se puede acelerar el proceso.
- ❖ Negociar: Si los suministradores externos fallan se puede: a) Buscar otros suministradores, b) Trabajar con ellos y negociar entregas parciales y mantenerse en el cronograma.
- ❖ Ofrecer Incentivos: Se analiza el presupuesto y se busca acelerar el proceso para alcanzar las metas originales.
- ❖ Volver a negociar: Esto es con un cliente, y se negocia las fechas tope, los presupuestos o las normas de calidad.

Para resolver el problema se debe decidir cuál es la mejor estrategia para tomar acciones correctivas, esto es: Durante este proceso se debe sopesar las consecuencias de cada opción. Aumento de costos, repercusiones sobre la moral del grupo, las relaciones con clientes y proveedores, pérdidas de ingresos asociados, pérdidas de tiempo, de la reputación y posibles pérdidas de clientes.

Los objetivos establecidos en la perspectiva anterior identifican los puntos en que la organización ha de ser excelente. Los objetivos de la perspectiva del aprendizaje y crecimiento proporcionan la infraestructura que permite que se alcancen los objetivos y son los inductores necesarios para conseguir unos resultados excelentes.

Es importante el recalcar la importancia de invertir para el futuro, y no solo en las áreas tradicionales de inversión, como los nuevos equipos y la investigación y desarrollo de productos nuevos. Las organizaciones deben invertir en su infraestructura, es decir, personal, sistemas y procedimientos si es que quiere alcanzar unos objetivos de crecimiento financiero a largo plazo, se habla de tres categorías de variables en la perspectiva de aprendizaje y crecimiento.

- Las capacidades de los empleados
  - o La satisfacción del empleado
  - o La retención del empleado
  - o La productividad del empleado
- Las capacidades de los sistemas de información
- La motivación, delegación y coherencia de objetivos.

Los inductores del crecimiento y aprendizaje provienen primordialmente de tres fuentes: los empleados, los sistemas y el equipamiento de la organización. Las estrategias para una actuación superior exigirán, en general, unas inversiones importantes en personal, sistemas y procesos que construyen capacidades para las organizaciones.

La estrategia a elegir en casi un 99% de las veces es la de capacitar, enseñar y entrenar al personal que está teniendo la dificultad de lograr la meta. Para esto es importante el crear un proceso previamente establecido que indique los pasos a seguir…

Esto me recuerda la frase de Brad Sugar, fundador de ActionCoach, "El problema no es que al entrenar a tu equipo se vallan a la competencia, el verdadero problema es que si no los entrenas y capacitas siguen contigo, dándote resultados deficientes"

La pregunta que muchos se hacen en este punto es ¿Entrenarlos en qué? La respuesta a esto es quizá la diferencia entre lograr el éxito de una campaña o programa de capacitación y entrenamiento y su fracaso… Como primer punto, debes asegurarte que todas las personas a las que diriges VIVAN y se apasionen por lograr las metas mediante el comportamiento o la implementación de los valores que has designado como principales… en ello debes capacitarlos primero.

Como un segundo punto recomiendo entrenarlos en las habilidades propias de su puesto de trabajo, pero procura entrenar a TODOS en el arte de sintetizar la información, no de analizarla, esto segundo es algo que hacen muy seguido y recuerda que "mucho análisis causa parálisis…", la habilidad que no les han enseñado, con mucha seguridad, es en crear síntesis, es decir "de todo lo que aprendieron que es lo **importante** para mejorar sus resultados y que van a **implementar** de inmediato".

Como nota final, me gustaría dejarte este concepto para que logres dominar el arte del manejo de un equipo:

Autoridad:

El concepto de autoridad se ha concebido con conceptos que no lo describen adecuadamente, por ejemplo se cree que consiste en actuar de manera rígida, inflexible e incluso ofensiva utilizando la fuerza o el maltrato con el fin de lograr la obediencia. La obediencia no es el fin de la autoridad, su fin es ayudar a crecer a las personas para que puedan ser responsables, es decir, para qué respondan por sus conductas y por sus compromisos.

Etimológicamente Autoridad quiere decir "Ayudar a crecer" pero de acuerdo a quien se hace crecer a su ritmo y posibilidad y no al de quien ejerce la autoridad. Una de las estrategias que mejor resultado dan en la gestión del crecimiento de alguien del equipo es lo que se conoce como la perturbación, la cual se define así:

La Perturbación es un evento en el tiempo, más o menos discreto, que altera los sentidos y percepciones de las características que nos rodean (circunstancias); cambia la disponibilidad de recursos y crea oportunidades para nuevos pensamientos y creencias.

La perturbación tiene como características a evaluar: el tamaño del área perturbada, n° de perturbaciones por unidad de tiempo, tiempo entre perturbaciones, intensidad y severidad de la perturbación. (Ejemplo la quema del terreno antes de hacer la nueva siembra)

Desde hace algún tiempo se reconoce que las perturbaciones juegan un papel primordial en el proceso de sucesión; entendiendo éste como el proceso ordenado de cambios direccionales del pensamiento y, por tanto, predecibles… El proceso de sucesión culmina con el establecimiento de un sistema estable.

Probablemente la lección más poderosa para el crecimiento; para poder crecer fuerte: **es la necesidad de la presión**… (Ilya Prigegine ganó el premio Nóbel de la química por su trabajo que denominó Estructura Disipativa o de Perturbación).

Por ejemplo evaluemos lo que sucede con el agua al ser calentada... cuando es aplicada la presión (calor) el agua inicia

un proceso de calentamiento hasta el punto anterior a la ebullición, en este punto puedes dejar el sistema bajo la acción del calor aumentando la temperatura o retirarle dicha acción; si se retira la presión (calor) todo el sistema tiende a volver a su estado inicial pero si en cambio se sigue sometiendo al agua a la acción del calor, ésta se transforma; es el momento en que el agua hierve y se transforma en vapor… liberando energía y pudiendo producir otros usos en este nuevo estado.

En el caso de las personas, lograr que alguien se transforme y crezca para que alcancen nuevos y mejores resultados, es preciso ejercer presión; muchas personas huyen de la presión y por ello no logran crecer.

Pero, si por el contrario, se quedan bajo el efecto de la presión, lo que es muy bueno, van a ser perturbadas a tal punto que en un segundo atraviesas el umbral del sistema y se transforman. En este punto (al hacer POP) se libera energía en forma de emoción (energía en movimiento); esto podría ser en forma de lágrimas, risa, ansiedad, ira, etc.

Un momento de quiebre, en donde se logra pasar al "otro lado" o "subir al siguiente nivel", está dado por patrones internos comunes (motivación, insatisfacción, sentido de urgencia, miedo, reto). El resultado se logra cuando se suma el pensamiento con la emoción y se pone en acción.

La presión es el detonante del cambio, por lo que puede ser ejercida de formas muy diversas como:

- Mostrar los números del desempeño
- Cumplimiento de fechas límites
- Presión familiar
- Presión en valores
- Presión motivada por coraje
- Contar una historia

Lo que detiene a dar el paso o subir el escalón es generalmente alguno de los siguientes aspectos:

- Miedos
- Falta de apalancamiento
- Pereza
- Identidad, Principios, Valores y/o Habilidades
- Malas experiencias
- Falta de dinero
- Estar en mi área de confort
- Distracciones
- Falta de Visión y/o de Propósito
- Medio que lo rodea

Tercer Aspecto: Gestión adecuada de las prioridades y agenda

El manejo adecuado de las prioridades es hoy uno de los temas clave del mundo laboral, aunque la importancia de este tema no es nueva en absoluto ni se limita sólo al ámbito laboral. Bien lo revelan estas palabras:

"Aquel que prepara las cosas que tiene que hacer durante el día, y luego se atiene a ese plan, lleva consigo el hilo que le guiará a través del laberinto de una vida ocupada. Pero allí donde no se traza plan alguno, donde la disposición del tiempo se deja exclusivamente en manos del azar, no tarda en reinar el caos".

Esta cita no es de ningún autor contemporáneo, sino de uno de los más célebres escritores del siglo antepasado, el francés Víctor Hugo.

Es importante señalar que el buen uso del tiempo va mucho más allá de nuestro trabajo. El gran escritor argentino José Ingenieros lo expresó así: "Nada hay que iguale el valor del tiempo. El dinero mismo no puede comparársele, pues éste vuelve y aquél no; en una vida se pueden rehacer diez fortunas, pero con diez fortunas no se puede recomenzar una vida".

"El tiempo es oro" es, por lo tanto, un refrán poco preciso. Si bien el tiempo es la dimensión en la que se crea y se utiliza el dinero, es mucho más: es la propia vida.

Además, vale la pena repetirlo: el tiempo se puede vender pero no se puede comprar. Ni con todo el oro del mundo. Y no sólo en el terreno laboral.   No se puede comprar el tiempo para estar con la familia, o los amigos, o para cultivarse internamente. Por eso, "el tiempo, por lo común, es algo más que dinero. Porque sea cual sea su fortuna personal, no podrá comprar un minuto más del tiempo que tengo yo, o del que tiene el gato echado frente a la chimenea".

Todos tenemos la misma cantidad de horas cada día, y sólo algunos sabemos sacarle verdadero partido. El tiempo no se puede ganar, pero sí se puede perder. Lo que debemos aspirar es a emplearlo mejor.

Este es un principio muy importante: no podemos gestionar el tiempo, lo único que podemos hacer es gestionarnos a nosotros mismos en relación al reloj o mejor aún, al uso del tiempo: es decir, organizarnos **inteligentemente** y hacer aquello que mayor beneficio nos genere (priorizar y elegir).

Para ello, debemos comenzar por comprender dos puntos importantes:
1) El tiempo es el único bien real que tenemos.
2) El tiempo no es algo vago, general, **es el ahora, es el presente, es el hoy.**

Porque el ayer es un cheque sin fondos, el mañana es un pagaré, pero el hoy es el efectivo que debemos aprovechar.

Por lo tanto, "Quien pierde tiempo, lo pierde todo". No hay que malgastar el tiempo. Una vez pasado, no se puede volver a tener; se va para siempre. El tiempo, usado con acierto, nos puede proporcionar no sólo dinero, sino además, -lo más importante- la realización de nuestros sueños y el logro de nuestros objetivos.

El uso del tiempo y la velocidad de implementación

La primera cuestión en torno a la administración del tiempo, es el concepto de velocidad de implementación, que no es sinónimo de hacer las cosas "a las carrera".

La importancia de la velocidad la ilustró Lewis Carroll hace muchos años, con curiosas palabras, y mejor que muchos especialistas, en su obra "Alicia en el país de las maravillas", cuando dijo: "Tienes que ser muy rápido para mantenerte en el mismo punto, pero si quieres llegar a otra parte, debe ir dos veces más rápido".

Es difícil encontrar una definición actual que pueda superar esta frase literaria escrita hace tantos años.
La vida es, finalmente, como una escalera eléctrica que, automáticamente, nos está llevando hacia abajo si no nos movemos lo suficientemente rápido. Lo menos que podemos hacer es moverse tan rápido como la escalera y con ello sólo conseguirás quedar en tu posición original. Si realmente quieres avanzar, subir, crecer, deberás moverte más aprisa que la escalera misma.

Para poder tener éxito en el arte de Priorizar, es indispensable primero hacer una lista de objetivos a cumplir. Todos los expertos dicen que los minutos más productivos del día son los dedicados a planificar. Así, 20 minutos diarios de planificación pueden ayudarle a ahorrar una hora, hacerlo diariamente le ahorrará 5 horas a la semana, lo que significa 250 horas al año, más de 2 semanas extra de tiempo para alcanzar sus objetivos. Deming "el gurú de la calidad" decía que un día de buena planeación evita un año de mala ejecución.

Ya con el listado listo, el segundo paso es decidir cuáles de ellos son los más importantes para que encabecen la lista. Ya que "nada es más fácil que estar ocupado, y nada más difícil que ser efectivo".

Nunca se repetirá lo suficiente la frase: **deben fijarse prioridades**. Algunas personas llevan a término todas las tareas posibles que aparecen en su lista, logrando un elevado porcentaje de tareas realizadas, pero su efectividad es baja debido a que las tareas desempeñadas en su mayoría son de una prioridad 'baja'.

Cuarto Aspecto: Pensamiento Estratégico

Las personas de negocios y los comerciantes más exitosos no son necesariamente los más listos o los más innovadores. Simplemente entienden el concepto de probar y medir. Cuando se prueba y se mide no hay posibilidad de error, (excepto si lo cometes al registrar o analizar tus resultados) Cada paso te acerca a la fórmula y al enfoque perfecto.

Si planeas tu trabajo esperando que todo funcione bien a la primera vez, te sentirás desconcertado y decepcionado cuando descubras que no es así. Quizá, incluso, desees renunciar antes de lograrlo.

Recuerda esto. El pensamiento estratégico tiene ciertas reglas que incluso, están sujetas a prueba y error. Pero si haces tu mejor intento con seguridad encontrarás las adecuadas fórmulas para ti.

Es vital que registres meticulosamente cada resultado. Es trabajo extra, pero te sentirás satisfecho cuando tengas un sistema de pensamiento estratégico que sepas que produce buenos resultados. Esa seguridad se alcanza sólo a través de la prueba y la medición.

La mayoría de las personas odian hacer esto. Y es porque significa que "siempre hay una posibilidad, aunque remota, de que todas las estrategias que intenten no funcionen a la primera". En otras palabras, es posible que tengas que gastar recursos del presupuesto sin ver ningún retorno.

Eso hace que a la mayoría, el asunto de "probar y medir", les sea muy poco atractivo. Pero ten en cuenta lo siguiente, probablemente has estado probando y midiendo durante toda la vida. Acuérdate de las decisiones que no te condujeron a una mejora y el costo que esto representó.

El siguiente paso es hacerlo adecuadamente, éstos son los cinco pasos para decidir qué es lo que "funciona", qué es lo que "tiene posibilidad de funcionar" y qué es lo que "no tiene ni una esperanza"...

Primero, comienza por registrar todas las operaciones de tu gestión. Empieza en este momento, inmediatamente. Si hay una cosa en la que yo hago hincapié es la siguiente: si no sabes lo que está funcionando y lo que no está, es posible que no puedas tomar decisiones bien fundamentadas. Y nunca sabrás qué hacer. Puede ser que continúes "haciendo mejoras" que nunca te generarán un buen resultado, y que accidentalmente maten alguna otra que si lo estaban haciendo bien.

Es necesario que lo averigües con seguridad. Crea un tablero de control y una hoja de registro, incluyendo todas las maneras en las que se ve afectada tu gestión con cada decisión que implementas.

Segundo, reduce, modifica y aumenta. Lo primero que hay que hacer es ver lo que no está funcionando. Si tu sistema de registro no está dando el resultado que esperas, cámbialo. Por supuesto, necesitas tener en cuenta también el costo de hacer esto. Si incluso tomando en cuenta todos los factores, no estás obteniendo resultados, entonces, muéstrate firme y deshazte de él. Cada día que lo mantenga estás regalando dinero y alejándote de los objetivos por los que está allí.

Y recuerda: la verdadera prueba de que una estrategia funciona es que genere valor para tus clientes, te genere una ventaja competitiva de diferenciación y que sea capaz de pagarse por sí misma.

Revisa a fondo cada una de las estrategias que están funcionando, y examina por qué éstas están produciendo resultados y las otras no. Ve si puedes obtener la característica más atractiva de cada una de ellas. Esto por sí mismo te enseñará una buena cantidad de cosas. Luego piensa en una forma de llevar a cabo cada una de las estrategias a gran escala. Pero hagas lo que hagas, no cambies nada, sólo haz lo mismo pero a gran escala.

Tercero, prueba y mide durante otras 2 semanas. (Nota: si el desempeño permanece en el mismo nivel o va variando.) También compara esto con lo que estás gastando en tu plan. Probablemente descubrirás que apenas y extrañas aquéllas estrategias inútiles, y que las estrategias "a gran escala" están funcionando y de hecho te están reembolsando amablemente su costo. ¡De no ser así, regrésala al tamaño original!

Cuarto, verifica tus números de mejora. En muchas ocasiones cuando se analiza un desempeño, descubro que un conocimiento pobre no es el problema, sino las técnicas inadecuadas de tomar decisiones (manejar la información). Hay muchísimos negocios que tienen una gran cantidad de datos, pero no tienen la habilidad para convertirlos en información crítica. En casi todos los casos, así es. Requiere simplemente de un mejor entendimiento del proceso.

Quinto, consolídate. La suspensión del dinero muerto que le estabas metiendo a estrategias y operaciones que no funcionan también debe ayudarte.

Por último, expande tus actividades. ¿Te acuerdas de todas esas estrategias que pensaste hacer hace algún tiempo? Éste es el momento de sacarlas del cajón, y darles una oportunidad de ponerlas en práctica.   Lleva a cabo una a la vez, y rastrea meticulosamente el resultado.   Anota exactamente los resultados, y juzga si ha sido o no una buena estrategia.

Si es así, agrégala a tu lista de estrategias con las que vas a continuar. Si no, no te desesperes. Inténtalo de nuevo, prueba con diferentes enfoques, medios, personas, etc. Cambia significativamente una parte de ésta y mide los resultados.

Si de nuevo no funciona, haz otro intento, y otro. Si, después de algún tiempo, sientes que NADA va a funcionar, abandona la idea y concentra tus esfuerzos en alguna otra estrategia o táctica.

Muy pronto, desarrollarás una colección de estrategias que funcionan, y suprimirás todas las que no sean redituables.

Ahora *ésta* es una fórmula exitosa de negocios y de la vida personal. La idea de medir y encontrar tus cifras reales, necesita aplicarse a todas las áreas de la empresa y de tu vida.

Si no sabes exactamente cuánto estás gastando y cuánto estás ganando, no podrás tener una idea de lo que necesitas mejorar en cada área, y corres el riesgo de terminar gastando más dinero en un área que sólo drenará más tus recursos.

Los 3 Principios Básicos de todo Negocio para hacerlo Crecer Sostenidamente

Un Modelo de Negocio basado en Inteligencia empresarial está diseñado para capturar y documentar todas las transacciones, operaciones, actividades, y otros desarrollos que tengan implicaciones económicas. Un sistema Inteligente genera muchos informes, reportes y formatos con el fin de traducir las acciones que se realizan en el mundo de los negocios en un conjunto de números que se utilizan para la eficaz toma de decisiones apoyadas en información.

No se requiere ser un experto para tomar decisiones acertadas, generalmente es algo tan sencillo como restar los gastos de los ingresos para determinar la ganancia.

El Sistema de Inteligencia Empresarial cuantifica el mundo cotidiano de la compra y la venta ¿comprarías algo a un precio mayor al que podrías venderlo? ¡Por supuesto que no!, sin embargo, muchas empresas lo hacen año tras año con demasiada frecuencia; en los negocios solo se ven los números superficiales (apreciaciones); el mal se aloja en los detalles y el modelo de Negocio basado en Inteligencia Empresarial ayuda a mantener a los demonios en su lugar.

Los estados financieros, los reportes de operación y las evaluaciones de auditoría no son mandamientos sino guías y tienen usos distintos.

Principio 1: El Objetivo de TODO Negocio es Generar y Retener Clientes

Para que todo negocio tenga un Sentido de SER es necesario que atienda a clientes, sin este primer principio no existe el negocio… en esta dinámica del "servicio al cliente", el objetivo es convertirse en un maestro del servicio al cliente, asegurándose de saber lo que se hace, es decir entregar el producto o servicio de forma consistente con la calidad suficiente. Es entregar el producto o servicio adecuadamente.

¿Qué haces para formar clientes leales? Algunos de estos clientes van a estar contigo mucho tiempo y **es preciso asegurarte que además te refieran** a otros clientes.

Para poder entender mejor este tema, iniciaré explicando el proceso para crear clientes fanáticos, explicándolo desde el primer escalón que es el del Sospechoso; pero ¿qué es un sospechoso? Un sospechoso es alguien que pertenece al mercado demográfico (que puedo atender), son el tipo de personas que probablemente te pueden comprar y que pertenecen a tu mercado meta, pero no son todos el mercado meta. Las personas suelen confundir el mercado meta y el demográfico. El demográfico son la audiencia entera de la gente a la que le quieres vender, el mercado meta es un pequeño grupo dentro del demográfico.

Así que si vemos a estos sospechosos son como una gran alberca masiva de clientes potenciales con los que podrías estar haciendo negocio. El objetivo es convertirlos en Prospectos ¿Cómo se convierten en prospectos? Por simple que parezca es haciendo que reaccionen, levanten la mano o hagan algo en algún sentido para interactuar con el negocio;

puede ser que entren a la página web, puede que sean atraídos por una carta que les fue enviada, puede ser que vallan a tu local, que llamen al negocio, que reciban un volante; es la gente que reacciona de alguna manera que permite obtener sus datos y así se convierten en prospectos. Como prospectos cumplen con 4 características que son: a)Te conocen o saben de ti; b)Pertenecen a tu mercado Meta; c)Se beneficiarían de tratar contigo y d)No te han comprado aún. Pero recuerda que hasta que sepas quienes son (tengas sus datos básicos) y digan "si estoy interesado", no son prospectos.

Ahora bien, mucha labor de mercadotecnia se hace con el único fin de crear clientes y no prospectos; personalmente considero que señalando, mostrando y encontrando **prospectos calificados** primero es una buena manera y más rentable de hacer marketing. Tú **decides** a quien quieres atender…

Analizándolo desde el punto de vista de Servicio al Cliente; se atrae a bordo del negocio a algunos prospectos, el trabajo ahora es convertirlos en compradores. Hay que darles un excelente servicio/atención cuando llaman o interactúan con el negocio ¿tienes un sistema de atención implementado en el negocio? ¿Tienes una metodología sistematizada para contestar el teléfono? ¿Tienes una metodología sistematizada para asegurarte de que lo que haces está dando los resultados esperados y funciona con los prospectos que llaman o llegan a tu negocio? ¿Con las personas que tienes que darles cotizaciones, ofertas o propuestas también? ¿Cuál es el sistema para convertir un prospecto en comprador por primera vez?

Un prospecto que compra por primera vez es a lo que le llamo un comprador, no es un cliente todavía, verás, no es cliente hasta que te compre por segunda vez (porque hasta ese entonces ya te conoce y si te sigue prefiriendo es cliente).

No creo que la mayoría de los negocios entiendan esto lo suficientemente bien, la mayoría de los negocios piensan "tengo un nuevo cliente". No, tiene que regresar a comprarte una segunda vez antes de que ellos mismos se consideren clientes… ellos no se sienten como clientes hasta que compran por segunda vez. La primera vez piensan, "si, te compré, pero te estoy probando…"

En casi todos los negocios existe un ciclo de compras. Por ejemplo la mayoría de personas cambian carro cada tres años, compran una computadora cada dos o tres años, los ciclos varían y la mayoría de los negocio los tienen. Tu ciclo de frecuencia puede ser más o menos largo. El punto es que si consideras a tus clientes como "alguien" con quien continuar relacionándote comercialmente a largo plazo, deberás asegurarte de que regrese por más negocio. Si deseas ser referenciable es preciso crear un negocio de ciclos repetitivos.

Asegúrate de tener todos los datos y detalles en una base de datos, por cierto, si no tienes una base de datos de tus prospectos, es una cosa… no tener una base de datos de tus clientes es una locura.

Así que aquí tenemos una base de datos de TODOS los compradores, el trabajo ahora es hacer que regrese otra vez ¿qué clase de ofertas puedes hacer para que repitan la compra? ¿Cómo le vas a hacer para que hagan una segunda transacción contigo? Para que así se acostumbren a ti y tú a ellos… Así aprenden más de ti (te conocen más) puedes atenderlos más veces, podrías incluso recordar su nombre después de una segunda transacción. ¿Qué haces para que la segunda transacción sea tan fácil como la primera, para atraerlos abordo como clientes?

Antes de poder satisfacer y exceder las expectativas de tus clientes, primero deberás saber cuáles son esas expectativas. ¿Sabes lo que tus prospectos y clientes esperan de ti? ¿Cómo saberlo? ¿Les has preguntado? Una de las cosas más importantes que puedes hacer para hacerte referenciable rápidamente es hablar con tus prospectos y clientes sobre lo que esperan de ti y pregúntales cómo los han atendido en el pasado en negocio similares y cómo se han sentido con ese trato, que les gustó y que no…

Una vez convertidos en clientes, ¿cuál es el siguiente paso ahora? El trabajo ahora es convertirlo en cliente FIEL, lo puedes hacer haciéndole sentir "miembro". Hacerlo sentir que "pertenece a…" tú sabes, si eres miembro de algún club traes la tarjeta, el llavero o algo así… ¿por qué crees que los negocios como las aerolíneas quieren que seas miembro? Te dan la Tarjeta VIP y acceso a salas privadas, y no se la dan a cualquiera, se la dan a sus mejores clientes, los convierten en Miembros para lograr su fidelidad.

¿Qué estás haciendo para crear miembros en tu negocio? ¿Cómo estás trabajando para crear una membrecía para que tus clientes se sientan bien y obtengan valor de hacer negocios contigo? Donde siento que pertenezco, donde me mandan un kit de información para miembros, que me diga todos los productos, todos los servicios, todas las cosas que puedes hacer por ellos. Que obtengan noticias para socios, tratos solo para socios, ofertas solo para miembros.

Si los haces sentir especial de esa manera, hay una gran posibilidad de que se convierta en un gran cliente, en un cliente FIEL para tu negocio. Éste es el siguiente paso del proceso de fidelización; es obtener una oportunidad para producir un programa de membrecías, donde tus clientes sientan que pertenecen y quieran pertenecer y que sientan que no quieren comprar en ningún otro lugar.

De la manera en que ellos lo ven es que ellos son parte de tu negocio en esta etapa, ahora son miembros. Aquí es donde validamos la regla del 80/20 para crear un gran resultado. El 20% de tus clientes te dan el 80% de tu negocio, hazlos miembros, hazlos sentir especiales, hazles saber que el éxito del negocio es gracias a ellos. El Internet lo hace muy fácil en estos días, medios como facebook, twitter y youtube te permiten interactuar con tus clientes actuales, te permiten mantenerte en contacto con ellos y les permite a ellos mantenerse en contacto contigo.

En los negocios la **integridad** significa dos cosas: en primer lugar, significa hacer lo que has prometido que harás. En segundo lugar significa **nunca** violar tus normas de comportamiento.

Cada vez que ofrezcas o te comprometas a algo con un prospecto o cliente, asegúrate de cumplirlo en un plazo de tiempo oportuno. Este fundamento constituye el establecimiento de la confianza del cliente, que es el primer paso para crecer de forma sostenida. Hazles saber a tus clientes que tu palabra significa algo. Ten mucho cuidado con lo que dices que harás y calcula bien las cosas de antemano antes de dar tu palabra y comprometerte. Dedica un tiempo a revisar los horarios y a considerar toda la situación; los clientes se acostumbran a que cumplamos los compromisos y aprecian nuestra previsión si cumplimos. Si existen razones para considerar que no se cumplirá con lo ofrecido, no esperes a que el cliente llame y llámalo para informarle que habrá una demora.

El segundo aspecto es directo a la persona, es decir a ti. Una persona Integra no participará en algún comportamiento que vaya en contra de sus propios principios. La gran mayoría de tus clientes te respetarán y confiarán más en ti cuando vean y comprueben que te riges a ti mismo por altas normas.

Entre las estrategias que te apoyarán a lograr esto te menciono las siguientes:

- Di siempre la verdad
- Agradéceles a tus clientes con frecuencia
- Demuestra aprecio
- Rinde servicio de calidad superior al cliente interno
- Esclarece ¡no asumas!
- Conoce a tu competencia
- Registra todas las Transacciones
- No les digas a tus clientes que están equivocados

Después, por supuesto, vas a querer producir promotores, no solo vas a querer que sientan que pertenecen, quieres que empiecen a referirte a ti, quieres que le digan a otros que tan buena es su experiencia de tratar con tu negocio. Que digan cosas como:

- "No creerá lo que obtuve…"
- "No creerás lo bueno que es esto…"
- "Quiero que esto te pase a ti también…"

Te comento una historia, de cómo se sintió un amigo la vez que fue a comer en un restaurante: "le dije al mesero que mi carne estaba cruda, tomó 60 segundos dejar mi mesa, ir a la cocina y tomar otra carne perfectamente cocida para mí y volver a mi mesa". Eso es crear promotores porque dieron una **experiencia** de Servicio al Cliente.

El mejor servicio al cliente no sucede cuando las cosas salen bien, pasan cuando hay un error; es en ese momento que te das cuenta si eres una buena opción o una mala opción.

Déjame comentarte de un mal servicio al cliente: Cuando hay un error y alguien te hace la pregunta ¿Qué puedo hacer para arreglar esto? Si tienes que preguntar, realmente no deberías estar en el negocio, debería estar en otro lado haciendo otra cosa. Eso es muy mal Servicio al Cliente.

Debes ¡Tomar acción y hacerlo de inmediato!

Un gran amigo mío me comentó que el dueño de un restaurante le dijo del Servicio al Cliente: "cuando algo va mal en la mesa de alguien, voy por una botella de vino, voy a la mesa, descorcho la botella, les sirvo una copa y hablamos al respecto". Tomar acciones es lo que convierte a las personas en promotores, tomar acciones es lo que convierte a las personas en ¡Clientes Fieles!

Una vez que tienes promotores, le hablan bien de ti a las personas si les preguntan, pero una vez que tienes clientes fieles, estas personas comienzan a… bueno, ellos virtualmente hacen el trabajo por ti. ¡Te venden!

"Si eres un cliente fiel, incondicional, entonces amas lo que hacemos"

Es muy raro en la gente de negocios usar la palabra "amar". Pero analiza, ve a Harley Davidson hablar de Servicio al Cliente, éste es el negocio donde al comprarles los clientes hasta se tatúan el logo de la empresa en su cuerpo. El Servicio al Cliente va más allá de todo… Clientes fieles es cuando las personas no solo son promotores, sino realmente Vendedores de tu compañía.

Nuestra meta, por supuesto, es convertir sospechosos a prospectos a compradores a clientes a miembros a promotores y automáticamente crear Clientes Fieles. Lo queremos con todos, pero es necesario tener un sistema implementado para asegurar que se tiene a tanta gente a este nivel de lealtad como sea posible.

Recuerda, lo importante es tener clientes con los que disfrutas estar atendiendo, si aun dependes de "cualquier" comprador para salir adelante, no te desanimes, pero ve definiendo quiénes son tus clientes ideales, aquellos que te hacen crecer a ti y al negocio.

Principio 2: Crear Utilidades
(Utilidades = Ventas X   Margen)

En muchas ocasiones, los empresarios se quejan de que no tienen utilidades, de que sus ventas no crecen, de que sus gastos son muy altos, pero se desconoce la realidad del negocio. No solo es indispensable conocer las cifras históricas (consecuencias) sino también es importante conocer los números que crearán tu futuro (causas).

Los Estados Financieros deben ser usados como herramientas para planear y confirmar que el negocio ha alcanzado los objetivos fijados.

Veamos un ejemplo, imagina que tras haber efectuado una minuciosa investigación de mercado llegas a la conclusión que una reducción del precio de venta en un 10% va a resultar en un aumento del 25% de las ventas en el mercado evaluado (con el único fin de enmarcar la decisión supondremos un costo del 0% de inflación en el año) ¿será ésta una movida estratégica ganadora?

Por supuesto que un aumento del 25% en ventas es crítico… Este aumento en ventas puede o no darse, y se verá afectado el margen neto de utilidad del negocio, lo que sería manejar una curva muy elástica de demanda (como dicen los economistas) con un gran riesgo de no lograr la meta de utilidad del negocio e incluso (dependiendo del margen neto real) llevarte a la quiebra.

Para poder tomar este tipo de decisiones, es preciso conocer los costos, los gastos y los márgenes del negocio, para ello haz un reporte financiero interno que permita conocer en detalle estos valores…

Es interesante el notar que para mejorar la utilidad es necesario conocer los factores que le dan origen; finalmente la utilidad está dada por dos factores, estos son:
- Ventas Netas
- Margen de Utilidad

Para lo cual es importante establecer las estrategias que den origen a un aumento en uno o ambos factores de la ecuación:

Utilidad = Ventas X Margen de Utilidad

Conociendo el Margen de Utilidad

Para comprender mejor la operación de un negocio se ha establecido dos conceptos de margen de Utilidad, siendo el Margen Bruto o ganancia directa del producto y el Margen Neto o ganancia de la operación o del negocio.

Margen Bruto

El primer paso para producir utilidad es tener suficiente margen bruto para cubrir los gastos operativos del negocio, los intereses por préstamos y los impuestos gubernamentales. El costo de los bienes vendidos y los gastos directos a los mismos, se deducen del monto de las ventas para llegar a esta primera y muy importante línea del reporte de utilidades. Como su nombre lo indica, el costo de los bienes vendidos, es el costo de los productos vendidos a los clientes, éste valor varía de industria en industria, pero en una comercializadora de productos éste valor es el mayor, típicamente entre un 50% y 60% (existen industrias con un mayor porcentaje, del orden del 85%).

Por regla general, a menor margen bruto mayor la necesidad de rotación de inventario (el intervalo de tiempo entre que se adquiere el bien y es vendido es la rotación de inventario). Esto divide a los negocios en negocios con productos nobles (alto margen) y productos con nobleza baja (alta rotación).

De este modo se puede tener el siguiente cuadro para determinar el margen bruto:

CUENTA	VALOR EJEMPLO
Ventas	1,000
Costo de lo Vendido	540
Margen Bruto	**460**

Existen unos gastos que son igualmente importantes incorporar en el cuadro anterior, estos son los gastos variables, estos determinan el margen de contribución de los productos, que son de dos tipos: 1) Los que varían con el volumen de ventas (gastos de envío por ejemplo) y 2) los que varían con el monto de ventas (ejemplo las comisiones). El hecho de que sean variables significa que al realizarse la venta aparece el gasto y no es un costo directo del producto (materia prima por ejemplo). Ahora el reporte se vería así:

CUENTA	VALOR EJEMPLO
Venta	1,000
Costo de lo Vendido	540
Margen Bruto	**460 (46%)**
Gasto Variable por volumen de venta	60
Gasto Variable por unidad de venta	50
Margen de contribución	**350**

Para muchos gerentes, el margen de contribución es más importante que el margen bruto, por las implicaciones que tiene, de hecho es el margen que hay que cuidar, en el ejemplo anterior, el margen de contribución es del 35% (Margen de contribución (350)/ valor total de las ventas (1,000)). El margen de contribución es el punto que divide los costos y gastos variables (inherentes a la actividad de venta) y los gastos de operación del negocio.

Es preciso que los gerentes soliciten a sus contadores que utilicen varios métodos para determinar el margen bruto de los bienes vendidos y el margen de contribución y de esa manera hacer un cruce de información...

Margen Neto
Virtualmente todo negocio tiene sus gastos fijos de operación, así como sus gastos fijos de depreciación (la depreciación dependerá del método contable elegido). El término fijo, se refiere a que son gastos que no dependen de la actividad comercial, sino que aparecen siempre por el simple hecho de operar el negocio, vende este o no (ejemplo de estos son la renta, los servicios, los salarios y sueldos, los servicios tercerizados, etc.).

Con el margen de contribución se busca pagar los otros gastos del negocio, entre los que se encuentran los gastos fijos (lo que nos da la utilidad antes de intereses e impuestos UAII) y luego pagar los intereses del capital prestado y los impuestos gubernamentales.
El reporte de generación de utilidad quedaría ya completado de la siguiente manera:

CUENTA	VALOR EJEMPLO
Venta	1,000
Costo de lo Vendido	540
Margen Bruto	**460**
Gasto Variable por volumen de venta	60
Gasto Variable por unidad de venta	50
Margen de contribución	**350**
Gastos Fijos	200
UAII	**150**
Intereses Pagados	20
Impuestos	50
Utilidad Neta	**80**

Para que el anterior reporte sea de verdadera utilidad para los gerentes del negocio, es necesario que contenga análisis que aporten una mejor comprensión del mismo, lo cual se consigue haciendo relaciones entre los valores, por ejemplo, si se compara el resultado de un año con una proyección, se puede agregar cálculos de los porcentajes en que se incrementa o decrece la cuenta, si es el análisis de la relación del mes actual se le puede incluir los porcentajes que cada cuenta tienen en relación a la venta. El fin es poder analizar la información, toda vez que se tenga total certeza de la veracidad de los datos...

CUENTA	VALOR	PORCENTAJE
Venta	1,000	100%
Costo de lo Vendido	540	54%
Margen Bruto	**460**	**46%**
Gasto Variable por volumen de venta	60	6%
Gasto Variable por unidad de venta	50	5%
Margen de contribución	**350**	**35%**
Gastos Fijos	200	20%
UAII	**150**	**15%**
Intereses Pagados	20	2%
Impuestos	50	5%
Utilidad Neta	**80**	**8%**

En este negocio se puede observar a simple vista que los costos de lo vendido y los gastos son relativamente altos e iguales, lo que deja muy poco margen para la generación de la utilidad neta (8%) y una primer estrategia sería evaluar si se puede hacer ahorros en la compra del producto y si se puede hacer ahorros en los gastos operativos (a manera de ser más eficientes).

La tentación de dejarse llevar por una reducción del precio con tal de conseguir un mayor rango de ventas en el mercado (o mayor porción del mismo) es muy fuerte, pero esto me recuerda un artículo del Wall Street que decía "Deja de comprar una porción del mercado y enfócate en elevar tus utilidades"

En el reporte de utilidad interno para los gerentes, se separan los gastos en variables y fijos, a su vez los variables se dividen en aquellos que varían según el volumen de las ventas y los que varían según el monto de la venta.

Las empresas exitosas son aquellas que logran año con año suficiente ingreso antes de intereses e impuestos de sus operaciones. Los ingresos de la operación o flujo operativo es la prueba clave de toda empresa exitosa.

Pero ¿Cómo lo logran? Pues no solamente aumentando sus ventas sino controlando sus costos de tal manera que sus márgenes se mantengan saludables y consigan una gran utilidad… Es preciso que los gerentes conozcan a profundidad sus márgenes y las utilidades que se generan en la operación del negocio.

Para un mejor control del reporte de utilidades de los gerentes es necesario introducir 6 valores en el reporte interno de utilidades, estos son:

- Volumen total de las ventas (cantidad de unidades) de todos los productos vendidos en el período
- Precio promedio unitario de venta de los productos
- Costo promedio unitario por producto vendido
- Costo operativo variable por unidad
- Margen Bruto como una función porcentual
- Margen de Contribución de manera porcentual

Esta información adicional es necesaria para poder realizar un buen análisis de las utilidades. El reporte quedaría de la siguiente manera:

Volumen De ventas: **578,500 Unidades**

CUENTA	UNITARIO	TOTAL
Venta	68.56	39,661,250
Costo de lo Vendido	(43.15)	24,960,750
Margen Bruto	**25.41**	**14,700,500**
Gasto Variable por volumen de venta	(5.27)	3,049,010
Gasto Variable por unidad de venta	(4.63)	2,677,875
Margen de contribución	**15.51**	**8,973,615**
Gastos Fijos		5,739,250
UAII		**3,234,365**
Intereses Pagados		795,000
Impuestos		853,778
Utilidad Neta		**1,585,587**

Si retomamos el consejo que resultó del análisis del mercado al inicio de este capítulo, se decía que con un 10% de descuento del precio de venta se podría aumentar la venta en un 25% (como posibilidad)... es o no una buena decisión de negocio; pues bien, con este reporte financiero ya podremos dar una respuesta concreta.

Volumen De ventas: **723,125 Unidades**

CUENTA	UNITARIO	TOTAL
Venta	61.7	44,619,705
Costo de lo Vendido	-43.15	31,202,844
Margen Bruto	**30.07%**	**13,416,861**
Gasto Variable por volumen de venta	-5.27	3,810,869
Gasto Variable por unidad de venta	-4.63	3,348,069
Margen de contribución	**14.03%**	**6,257,924**
Gastos Fijos		5,739,250
UAII		**518,674**
Intereses Pagados		795,000
Impuestos		0
Utilidad Neta		-276,326

Al hacer la corrida financiera de lo que sucedería con un aumento del volumen de ventas en un 25% y con un descuento del 10% en valor del precio de venta unitario, el resultado nos lleva a una pérdida operativa considerable, por los compromisos de deuda (interés pagado) y porque finalmente no se tiene en cuenta las reducciones de los márgenes en la operación.

Para evitar este tipo de inconsistencias administrativas (o pérdida) se ha desarrollado una tabla que muestra los resultados de los cálculos en donde dado un descuento (con un margen bruto conocido) la necesidad de aumentar las ventas en el porcentaje necesario para mantener el mismo valor de utilidad que sin dar el descuento. Dicho en otras palabras, antes de dar un descuento es necesario evaluar el impacto que esta reducción de ingreso tendrá en la **Utilidad** y no fijarse mucho en cuanto al aumento de ventas como fin principal de la estrategia.

Efecto de otorgar descuento

Si tu Margen actual es	20%	25%	30%	35%	40%	45%	50%	55%	60%
Y das un descuento de un	Tus ventas se deben INCREMENTAR por el monto mostrado para mantener el mismo MARGEN …								
2%	11%	9%	7%	6%	5%	5%	4%	4%	3%
4%	25%	19%	15%	13%	11%	10%	9%	8%	7%
6%	43%	32%	25%	21%	18%	15%	14%	12%	11%
8%	67%	47%	36%	30%	25%	22%	19%	17%	15%
10%	100%	67%	50%	40%	33%	29%	25%	22%	20%
12%	150%	92%	67%	52%	43%	36%	32%	28%	25%
14%	233%	127%	88%	67%	54%	45%	39%	34%	30%
16%	400%	178%	114%	84%	67%	55%	47%	41%	36%
18%	900%	257%	150%	106%	82%	67%	56%	49%	43%
20%		400%	200%	133%	100%	80%	67%	57%	50%
25%			500%	250%	167%	125%	100%	83%	7%
30%				600%	300%	200%	150%	120%	100%

Siguiendo este mismo criterio de análisis de estrategia de negocio, se tiene estrategias orientadas a aumentar el margen por medio del aumento del precio de la venta.

Esto es bueno para la mayoría de los negocios, especialmente para aquéllos en la industria del servicio, en los que hay una enorme diferencia entre los estándares de calidad de cada negocio o empresa. Esto te permite obtener mayores ganancias de cada venta que se hace. Incrementar los precios un poco en un periodo de tiempo no tiende a molestar a los clientes. Es posible que ni lo noten.

Aunque recuerda, si estás en una industria altamente competitiva, donde todos anuncian los precios y éste es siempre el interés número uno del cliente, no es aconsejable aumentar los precios…

Al igual que en el análisis anterior, se ha desarrollado una matriz con un eje controlado con el margen que actualmente tiene el negocio y el otro eje con el nivel de aumento en el precio (porcentual) lo que da como resultado el porcentaje en que las ventas se pueden reducir obteniendo el mismo nivel de utilidad que con los precios originales, es decir, ganas más vendiendo menos.

Efecto de aumentar del precio

Si tu Margen actual es	20%	25%	30%	35%	40%	45%	50%	55%	60%
Y tú incrementas tu precio un	Tus ventas pueden BAJAR por el monto mostrado abajo antes de que tu UTILIDAD se reduzca …								
2%	9%	7%	6%	5%	5%	4%	4%	4%	3%
4%	17%	14%	12%	10%	9%	8%	7%	7%	6%
6%	23%	19%	17%	15%	13%	12%	11%	10%	9%
8%	29%	24%	21%	19%	17%	15%	14%	13%	12%
10%	33%	29%	25%	22%	20%	18%	17%	15%	14%
12%	38%	32%	29%	26%	23%	21%	19%	18%	17%
14%	41%	36%	32%	29%	26%	24%	22%	20%	19%
16%	44%	39%	35%	31%	29%	26%	24%	23%	21%
18%	47%	42%	38%	34%	31%	29%	26%	25%	23%
20%	50%	44%	40%	36%	33%	31%	29%	27%	25%
25%	56%	50%	45%	42%	38%	36%	33%	31%	29%
30%	60%	55%	50%	46%	43%	40%	38%	35%	33%

Existe una serie de estrategias/tácticas para lograr el aumento de las Utilidades por medio del mejoramiento del margen, algunas de estas son:

Vende Artículos / Servicios de Mayores Márgenes...

¿Por qué no cambiar a productos que ofrecen más margen? Esto funcionará en industrias en las que la gente no es particularmente sensible a una marca, es decir, no les importa la marca que usan o compran.

Esto puede significar comprar un producto ligeramente más caro con el que puedas obtener ganancias más altas. Muy a menudo un producto de precio más bajo ofrecerá mayor margen. Debes considerar exactamente cuánto te da cada artículo y luego continuar almacenando sólo aquéllos que te dan la mayor cantidad de dinero.

Si trabajas en la industria del servicio debería considerar qué servicios ofrecen la mayor cantidad de dinero por la menor cantidad de esfuerzo.

Deshazte de los Clientes Conflictivos y Mala paga

Significa simplemente dejar de hacer negocio con clientes que te molestan, regatean el precio, siempre ven pero nunca compran y cosas así.

Resulta especialmente bien si manejas un negocio en el que tus clientes parecen ocasionar más dolores de cabeza que ganancias; las tiendas pequeñas en general y los talleres de motocicletas parecen atraer este tipo de cliente.

Estos clientes tienden a tomar mucho tiempo y pagan sus cuentas tarde. Encontrarás que estos clientes normalmente querrán un porcentaje de descuento que finalmente afecta tus márgenes de ganancia. Envíales simplemente una carta o sólo explícales la manera en la que ahora estás manejándote y que ellos tienen que pagar el precio completo, a tiempo, y siempre.

Por supuesto, necesitas estar seguro de que el problema es de ellos, no tuyo, es fácil culpar a tus clientes; si ofreces mal servicio y malos productos, tienen el DERECHO de quejarse.

Vende Por Internet...

Con la llegada del Internet, ahora es posible manejar un negocio masivo desde tu recámara utilizando solamente una computadora.

Sólo pregúnteles a miles de negociantes de hoy. Se graduaron en los sórdidos callejones traseros del amplio mundo de la red, y la gente todos los días le sigue dando sus números de tarjeta de crédito. Es una estupenda forma de reducir los gastos generales y otros gastos tales como sueldos y costos de publicidad. Utilizando estos medios puedes operar desde tu casa simplemente tomando órdenes y enviando los artículos. Por supuesto, tu producto necesita ser algo que la gente no necesite tocar con sus manos antes de decidir comprarlo; los productos digitales son brillantes para este fin.

NO Pagues Tiempo Extra...

No hay razón para que pagues tiempo extra, si la gente está dispuesta a trabajar horas extras, entonces qué bien. Esto es especialmente aplicable a pequeños negocios cuya carga de trabajo es pesada y su equipo es dedicado y apasionado. Por supuesto, si no cumplen con ese criterio, necesitas preguntarte cuál es la razón.

Esto debe negociarse con tu personal cuando discutas sus acuerdos de empleo. En lugar de pagarles tiempo extra, puede quizás negociar horarios flexibles o algún otro sistema adecuado. Muchos empleados realmente pueden preferir este sistema porque su tiempo extra causa impuestos a una tasa más alta. Es importante darse cuenta de que cualquier tiempo extra que estés pagando está cortando tus ganancias.

Reduce los Honorarios de los Directivos...

Simplemente deja de pagarte a ti mismo tanto. Ésta nunca es una opción "graciosa".

Muchos directivos sacan dinero en exceso de sus empresas, lo cual finalmente repercute en problemas de flujo de efectivo. Es importante tener un fondo de dinero para que puedas pagar algunos costos inesperados que surgieran, o sacar ventaja de oportunidades de inversión.

Es mejor esperar hasta que sientas que estás en una posición financiera suficientemente fuerte antes de empezar a tomar un salario alto de tu negocio. Es un pequeño sacrificio a corto plazo, pero sin duda será benéfico a largo plazo

Manejo de Eficiencia, Productividad y Tiempo...

Éstas son las tres áreas en las que pueden desperdiciarse grandes sumas de dinero. Si evalúas cada una de estas áreas individualmente, puedes identificar rápidamente cuál de ellas está costándote más dinero.

Notificar a tu equipo de los estándares mínimos de rendimiento que se esperan de ellos puede ayudar a resolver cualquier problema.

Es el momento de ponerse un poco más duro, piensa lo que es realmente posible. ¿Qué puede lograr el mejor empleado en un día? No tiene nada de malo pedirle a tu equipo que se acerque a ese nivel.

Es curioso, pero cuando le pides más a la gente, tienden a encontrar una forma de superarse y alcanzar el siguiente nivel.

Conoce tus Costos Reales...

¿De verdad sabes cuánto te cuestan las cosas? Muy probablemente todo cuesta más de lo que crees. Muchos de tus gastos nunca se evalúan. Si te tomas algo de tiempo para descubrir tus costos reales, podrás entonces ver la forma de reducirlos.

Si consigues cotizaciones de diferentes productos y servicios puedes ahorrar cantidades considerables de dinero. No tiene nada de malo buscar un mejor precio y encontrar un mejor trato en todo; con toda seguridad encontrarás uno.

Reduce la Variedad...

Deja de comercializar cosas que no te están dejando dinero, empieza por especializarte en sólo un artículo... el artículo que más gente compra.

Entre más permanezca un artículo en un estante, menor será la ganancia que obtengas de él finalmente. Si eliminas las existencias que se mueven lento y sólo manejas las líneas que se venden rápidamente, puedes ganar más dinero por artículo vendido.

Haz una venta a puerta cerrada para deshacerte de toda la basura en existencia que has acumulado durante el último año. Termina con todo, genera un poco de flujo de efectivo, luego empieza almacenando sólo las cosas buenas.

Toma Mercancía en Consignación...

Cada vez más y más proveedores están dispuestos a dejarte existencia en consignación. Con más competencia, tienen que hacer un esfuerzo extra.

De esta manera no tienes que desembolsar dinero en existencias que podría tomar algún tiempo vender. Tampoco tienes que pagar por ella hasta que se venda, lo cual significa que tu dinero puede estar trabajando para ti en otra parte. donde es más redituable.

Esta es una de las formas más efectivas de incrementar tus márgenes. Por supuesto, es importante que le des a la mercancía en consignación la misma atención que a la mercancía pagada; no hay razón para dejarla entrar si piensas: "bueno, no he pagado por esto, ¿a quién le importa si se vende?".

Vende Sólo Mercancía de Rápido Movimiento...

Éste es un compromiso que haces de sólo vender mercancía que sabes de antemano que es popular.

Cualquier mercancía que se queda en los estantes es dinero perdido. Entre más tiempo se quede ahí, cuando finalmente salga será más bajo el margen que logres de ella. Si la mercancía en particular es de bajo movimiento, es probable que necesite venderse a un precio de descuento. Hemos mencionado esto antes, pero no importa si lo repetimos. Coloca la mercancía de rápido movimiento en la parte de atrás de la tienda. Haz que tus clientes tengan que pasar por la mercancía que realmente quieres sacar.

Por supuesto, todos los negocios de tiendas al menudeo tratan de obtener mercancía que se mueva rápido, pero es importante mejorar tu proceso de toma de decisiones. Pide a los mayoristas testimonios (con números de teléfono) de otros propietarios que han vendido una línea antes; llámales y descubre cómo les va.

Reduce / Elimina Gastos Tributarios...

Para lograr esto, necesitas encontrar a un contador que esté financieramente bien informado y capacitado.

Y no sólo porque está calificado como contador significa que sabe cómo reducir tus gastos de impuestos. Hay muchas maneras en las que un contador de alto grado puede minimizar o eliminar la carga tributaria, así que vale la pena tomarse el tiempo para encontrar uno.

Es importante encontrar un contador que trabaja "de acuerdo con las reglas": es decir, que conoce la ley y trabajan de acuerdo con ella, pero saben cómo jugar tan bien que obtienen el máximo beneficio.

Por supuesto, no debes ser demasiado llamativo, porque podrías atraer una auditoría fiscal y nadie quiere eso.

Reduce TODOS los Costos en un 10%...

No es fácil, pero con un poco de esfuerzo es posible reducir todos los costos por lo menos en un 10%.

La mejor forma de hacerlo es sentarte con tu equipo y/o socios y revisar cada costo que tienen en tu negocio. Piensa en por lo menos 2 maneras de reducir cada costo en un 10%.

Una vez que hayas pensado en una forma adecuada, haz un compromiso para hacer algo al respecto y crea un Plan de Acción.

Gastos generales más bajos significan mayores ganancias, así que necesitas dedicarle algo de tiempo a esta área. Trata de

verlo desde fuera: ¿cómo es posible reducir cada costo en un
10%? ...¡Puede hacerse!

Mantén los Gastos Generales al Mínimo...
Esto puede ser tan simple como apagar las luces que no se
están usando o re-negociar la renta.
Necesita tomar en cuenta todas las áreas del negocio para
lograr ahorros potenciales. Con la desregularización de
muchas industrias puedes ahorrar dinero en cosas como
gastos de electricidad y teléfono.

Los sueldos es otra área en la que se puedes hacer ahorros
considerables. Considera contratar vendedores a comisión
solamente, o negociar un contrato de empleo más adecuado.

Mide Todo...
La idea de medir y encontrar tus cifras reales de negocios
necesita aplicarse a todas las áreas de tu negocio.
Todo, desde tu publicidad hasta la cantidad de llamadas
telefónicas que haces, necesita ser probado y medido.
Cuando pruebes y midas cada área de tu negocio, puedes
empezar a identificar formas de reducir costos y de
incrementar ganancias.

Si no sabes exactamente cuánto estás gastando y cuánto estás
ganando, no podrás tener una idea de lo que necesitas
mejorar en tu negocio, y corres el riesgo de terminar
gastando más dinero en un área que sólo drenará más tus
fondos.

Aumentando la Venta

El otro factor que afecta directamente a la Utilidad en la ecuación es la **Venta Neta,** es decir, el monto total de la venta, es importante mencionarlo así para que se pueda ver como un todo y no como una suma de actividades… hace unos años se escribió un libro en el que el autor menciona que "la venta solo se puede incrementar afectando tres factores que la determinan directamente", es un concepto muy interesante, porque permite trabajar directamente en dichos factores incrementándolos de manera gradual para incrementar la venta total de forma exponencial, pues es un proceso multiplicador y no solamente aditivo.

Esto cobra mucho sentido cuando se observa a la Venta como el resultado de un proceso y no de una circunstancia en específico que quizá no se pueda repetir. Al evaluar a la venta como un proceso permite mejorarlo y de esa manera hacerlo predecible.

Los tres factores están explicados de la siguiente manera: La Venta es el producto de multiplicar los clientes que compran (activos) por la frecuencia con que compran en un período de tiempo (número de transacciones) por el monto promedio de la compra. Éste es quizá el secreto de los negocio para poder convertirlo en un proceso que genera utilidades.

Es preciso recordar que la función principal de TODO negocio es **Generar y Retener Clientes**. Lo interesante es observar que la generación de clientes es también un resultado, es el producto de los prospectos que se generan por el factor de conversión de esos prospectos en clientes, es decir el poder de la venta directa del negocio (cuántos de los prospectos finalmente compran).

Con lo comentado anteriormente quedaría una estructura para aumentar la venta que se define de la siguiente manera:

1.　　　**Prospectos**: Definimos al prospecto por sus 4 características que debe cumplir para ser considerado como tal, estas son: a) Conoce de la empresa, b) se beneficiaría de los producto/servicio, c) pertenece al mercado meta y d) no ha comprado aún. Éste indicador muestra cuál es la capacidad de marketing para dar a conocer a la empresa; el negocio que deja de prospectar es un negocio que deja de crecer y tarde que temprano empieza a morir…

2.　　　**Porcentaje de conversión**: Este indicador muestra la capacidad del sistema de ventas para conseguir clientes nuevos, es un indicador de la labor de ventas, y va de la mano del indicador anterior, porque en conjunto proporcionan la cantidad de clientes nuevos de la empresa y genera la permanencia de la misma en el tiempo.

Número de clientes: Este es el número total de diferentes clientes con los que se trata cada día. Recuerda, no se trata de tener más clientes, no se puede cambiar directamente ese número. Se trata de tener más prospectos e incrementar la tasa de conversión. Éstas son las variables en las que hay que trabajar para a obtener resultados sorprendentes.

3.　　　**# de transacciones**: Este indicador clave da la perspectiva del servicio y entrega que se tiene en la empresa, si un cliente no vuelve a comprar es porque o encontró un mejor producto a un mejor precio o porque no percibió el valor de los productos/servicios. Lo que indica que la experiencia de compra no fue del todo placentera y se convierte en un área de oportunidad.

4.   **Monto promedio de la venta**: Con este indicador clave se obtiene una doble medida, por una parte se puede medir el desempeño del personal, si tienen la camiseta puesta o ni siquiera ellos consideran que lo que la empresa ofrece tiene valor, si no ofrecen más a los clientes es porque no se considera necesario y quizá ni útil el producto o servicio que oferta la empresa. Por otra parte es un indicador de falla en el sistema de ventas, no se está dando la correcta orientación al cliente para que compre lo que más le conviene y lo que le puede servir para desempeñarse mejor.

Volumen de ventas: Finalmente el resultado que se busca. Claro que quieres más pero no puedes tener mayor volumen de ventas, lo que pueden hacer es tener más transacciones y aumentar el monto promedio por venta al total de clientes con los que se trabaja día a día.

En forma matemática o de fórmula, para poder aumentar las ventas es necesario trabajar en los factores que generan el resultado, quedando de la siguiente forma la ecuación:

Prospectos

x

Porcentaje de Conversión

=

No. de Clientes Nuevos

x

No. de Transacciones

x

Monto de Venta Promedio

=

Ventas Netas

¿Cómo proyectar la necesidad de venta de la empresa y convertirlo en el Presupuesto de Ventas Estratégico?

El punto importante aquí es determinar la venta necesaria para lograr la meta de **utilidad,** para ello es recomendable hacer un análisis del punto de equilibrio en donde se logra conocer cuántas Ventas, en monto, unidades y clientes, son necesarias

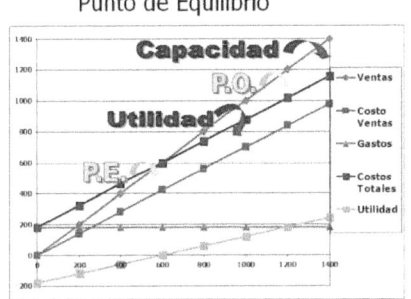

Punto de Equilibrio

generar diaria, semanal y/o mensualmente para conseguir el objetivo de Utilidad.

Para hacer los cálculos adecuados se sugiere hacer lo siguiente:

* ¿Cuál es el precio de venta unitario?
* ¿Cuál es el costo por unidad que se vende?
* ¿Cuál es la diferencia de estas dos?
* Calcula el Margen Bruto de la Venta: el valor de la diferencia divídelo entre el precio de venta unitario y el resultado multiplícalo por 100
* Ahora calcula los gastos del negocio (incluye la renta, los salarios, Servicios, transporte, etc. Son aquellos gastos que tenemos que hacer independientemente de que realicemos o no las ventas
* Cuánto es la utilidad que se quieres ganar en el negocio mensualmente

- Ahora evaluar el punto de equilibrio del negocio (es el monto de ventas menor que se puedes tener en el negocio, si no se vende más de esto el negocio no es viable).

- Punto de equilibrio = Gastos del negocio / Margen Bruto de la venta

- Este resultado se divide dentro del precio de venta del producto y con ello se tiene la meta de venta mínima necesaria en unidades

Hasta este punto se tienes una idea si el negocio es viable o no, si tu respuesta es sí, ahora se debe poner una meta de venta:

- Meta de venta: se suma a los gastos mensuales el monto de utilidad que se requiere para el negocio y el resultado se divide dentro del margen bruto de la venta

- Este valor se divide dentro del precio de venta del producto y con ello se tienes la meta de venta necesaria en unidades para lograr la meta de utilidad.

Con este valor, se establecen las estrategias en los distintos factores que intervienen para lograr la meta de ventas.

Veamos un ejemplo:
Conoce a una emprendedora, Ana, quién quería hacer un negocio de artesanías que ella misma producía. El costo de cada uno de estos artículos le cuesta a Ana en materiales $150. Ana puede producir 15 diarios. Ana tiene gastos fijos que incluyen, la renta del local donde los produce de $2,500, los servicios del local (agua, luz, teléfono, Internet, etc.) de $1,500. Sueldos de $12,000 (incluye el de Ana y 2 ayudantes).

El precio al que los vende Ana es a $250 cada uno. La Utilidad que espera recibir del negocio es de $10,000 mensuales. Quiere evaluar la viabilidad del negocio.

Siguiendo la guía de análisis:

Precio Venta $250
Costo $150
Diferencia $100
Margen de Venta   ($100 / $250) * 100 = 40%
Gastos del negocio $2,500 + $1,500 + $12,000 = $16,000
Utilidad Deseada $10,000
Punto de equilibrio $16,000 / 40% = $40,000 (esta es la venta mínima para que sea rentable el negocio)
En unidades $40,000 / $250 = 160 uni de venta

Ana necesita vender 160 unidades mensuales para que el negocio sea viable.
Capacidad de producción 160 unidades entre 20 días laborales al mes = 8 unidades diarias (si es posible lograr la meta con la capacidad de producción actual de Ana)

Meta de Venta para generar utilidad:
(Gasto del negocio + Utilidad deseada) / Margen de Venta = ($16,000 + $10,000) / 40% = $65,000
En unidades: $65,000 / $250 = 260 unidades

Capacidad de producción 260 unidades entre 20 días laborales al mes = 13 unidades diarias
Existen una serie de estrategias para mejorar los valores de los factores que intervienen en la ecuación de las ventas netas, a manera de ejemplo se mencionan 5 de cada uno de los factores, pero existen más de 250 estrategias en estos factores…

Prospección
Directorios Comerciales...

Ésta es excelente para algunos productos, especialmente
aquéllos que la gente sólo compra de manera ocasional. Tú
ya debes saber si los directorios comerciales son para ti ¿Está
tu negocio construido sobre la base de clientes existentes o
un constante abastecimiento de nuevos? Si son clientes
nuevos, probablemente los directorios te funcionarán. Lo
importante es sobresalir: haz algo diferente de lo que todos
los demás hacen y recuerda que tus lectores son ya tus
compradores.

Uno de los errores que la gente comete cuando diseña su
anuncio para el directorio, es no poner un encabezado a lo
ancho de la parte alta. Tu anuncio del directorio no es
diferente de ningún otro anuncio impreso. Necesita tener un
encabezado poderoso y estar lleno de beneficios que le harán
saber al lector la razón por la que debe hacer negocios
contigo en lugar de con alguien más.

También recuerda que mucha gente que te llama en referencia
a tu anuncio de directorios, estará buscando el mejor precio.
Independientemente de cómo se compare tu precio con el de
tu competencia, necesitas utilizar un guión efectivo para
cuando te llamen por teléfono, para asegurarte que te
comprarán.

Networking...

Esto puede ser extremadamente efectivo. La gente le compra
a la gente que conoce, que le cae bien y que confía en ella. Si
llegas a conocer a alguien en un ambiente social, es más
probable que haga negocios contigo. Este método puede
rebasar cualquier otro si lo haces correctamente. Necesitas la

combinación exacta de amistad y negocios. O lo que es lo mismo, no presiones demasiado, pero sí lo suficiente. Básicamente lo que deseas es construir el tipo de relación en la que puedas ir y visitarlos unos cuantos días después de conocerlos.

No vayas sin prepararte. Asegúrate de tener una idea del tipo de gente que quieres conocer y de lo que quieres discutir con ellos. Ir simplemente no es suficiente, necesitas sacarle el mejor provecho. Necesitas escuchar a tu prospecto con atención y aparentar que estas disfrutando su conversación. Sin embargo, debes tener cuidado de no desperdiciar toda la noche hablando con alguien que nunca va a hacer negocios contigo.

Pasa sólo el tiempo necesario con cada persona para crear una relación y obtén la futura cita que estás persiguiendo. Eso no significa que tenga que ser una hora y fecha exacta, simplemente que tienes su permiso para ir a verlos en el futuro cercano. Si no sabes con quién debes o no debes hablar, entonces pídele a un amigo que te los señale, o mejor aún, que te los presente.

Anfitrión Beneficiario...

Esta estrategia consiste en pedir promoverte a ti mismo directamente con los clientes de otra empresa. Hay muchas maneras de arreglarlo; puedes, ya sea ofrecerle a los clientes un bono de regalo (y decirles que es del otro propietario), ofrecerte a pagar por el correo del propietario del negocio, ofrecerle al propietario una comisión sobre cualquier venta u ofrecerle devolverle el favor como pago.

Esta estrategia puede funcionar excepcionalmente bien para

casi cualquier tipo de negocio y es especialmente bueno si tienes buena amistad con los dueños de otros negocios, cuyos clientes caen en tu mercado meta. Para hacerlo más atractivo para el otro negocio, explícale al dueño que pagarás por la impresión de las cartas y los volantes que se han de enviar (o el material electrónico si lo haces por internet).

Necesitarás hacer un muy buen trabajo de ventas en la empresa que te quieres promocionar. Mucha gente sospechará y no entenderá la efectividad de esta estrategia en la misma forma en que tú lo haces. Tranquilízalos garantizándoles que no emplearás tácticas agresivas de venta con sus clientes. También puedes explicarles la ventaja para ellos de crear mayor simpatía con sus clientes.

Alianzas Estratégicas...

Esta estrategia se trata de unir fuerzas con otros negocios y ayudarse mutuamente. Podrían venderse a sí mismos bajo un mismo nombre, haciendo de la unión de su negocio una 'tienda sin escala' o, hacer un acuerdo de caballeros para compartir clientes y referirlos. Estas alianzas pueden reditar mucho tiempo, especialmente si encuentras difícil llegar a tus clientes potenciales.

Esto funciona más efectivamente si los negocios involucrados son similares, pero no competidores. Un mecánico, un auto-electricista, un batidor de paneles y un negocio de tapicería, serían una combinación ideal porque están tratando con clientes similares. Cuando un mecánico da servicio al carro de un cliente y nota unas cuantas abolladuras, puede referirlos al batidor de paneles y así sucesivamente.

Al promocionarse entre ustedes mismos bajo un solo nombre

y usar un mismo número de teléfono, pueden estar seguros de que el trabajo se está distribuyendo justamente. No todas las empresas pueden usar una estrategia de alianza, aunque aún es un concepto de mercadeo muy subestimado.

Sistema de Referencia...

Se le llama así al sistema en el que les proporcionas a tus clientes, un incentivo para que te recomienden con sus amigos; ¿Cómo hacerlo? Esta primera regla no es para que te apenes por pedir a tus clientes una referencia. La manera más simple es: preguntarle a tus clientes AAA si están felices con tu servicio y lo que les vendes.

Si te dicen que sí; por ese servicio tan excepcional e increíble que ellos están obligados a hablarles a otros acerca de ti. Pregúntales si saben de algún amigo o pariente que piensen que estaría interesado en tus productos. Si así es, explícales que te gustaría tener su nombre y dirección para enviarle una carta de introducción. (En esta etapa puedes ofrecer un incentivo). Si te dan un contacto, agrádeseles. Envía una carta y un catalogo/ boletín con una oferta que hayas separado y un regalo para que lo recojan en tu negocio la próxima vez que estén en el área. Debes también asegurarte de enviarle a la persona que los refirió un regalo o recompensa de alguna especie para agradecerle. ¡Imagina cómo sería tu negocio si todos tus clientes te recomendarán sólo una persona más!

Porcentaje de Conversión
Utiliza Guiones de Ventas...

Esto es tan sencillo como se escucha, ayuda a tu equipo a desarrollar sus habilidades para que puedan vender más y hacer mejores ventas ascendentes y ventas agregadas.

No hay negocio en el que esta idea no pueda ser aplicada. Un buen ejemplo es una pequeña tienda minorista que se acerca a ti para discutir líneas de uso que funcionarán para ventas ascendentes. Entonces ellos vienen con una lista y practican juntos.

Al entrenar a tu personal sobre la manera de vender y vender ascendentemente tus productos puedes incrementar dramáticamente tu venta promedio. Tu equipo de ventas necesita conocer tus productos por dentro y por fuera. Esto hará que los clientes se sientan más cómodos cuando hacen una compra importante, dándoles así la tranquilidad de que están tratando con profesionales.

Garantía Escrita...

Redacta una garantía dirigida a la frustración clave del cliente al comprarte. Por ejemplo, un peluquero puede garantizar que el corte de cabello le gustará al cliente y al 98% de sus amistades y qué decir del dentista que puede garantizarle al cliente que no sentirá dolor.

Escoge lo que a la gente le asusta cuando te compra algo, y garantízale que no será problema. Si lo es, ofrece reembolsarles su dinero o arreglar las cosas. Una vez que lo hayas terminado, asegúrate de decírselo a la gente, y anúncialo.

Casi cualquier negocio se puede beneficiar utilizando una garantía. Entre mejor sea la garantía, más cómoda se sentirá la gente al tratar contigo. Si estás vendiendo productos de precios altos, puede ser que desees buscar un seguro en caso que tengas que pagar la garantía.

Define Tu Originalidad...

Si no hay nada diferente en ti, la gente te comprará solamente por conveniencia y nada más. Además de eso, nunca podrás incrementar tus precios, si hay alguien con precios más bajos, la gente le comprará a ellos. Necesitas buscar qué hay de especial en ti, luego haz un buen negocio con eso. Y no sólo digas 'precio' o 'calidad', estos son términos vacíos. Hazlo muy específico y significativo.

Por ejemplo puedes promoverte a ti mismo como el único mecánico que recoge y entrega a sus clientes en una limusina. O quizá eres un contador que tiene un masajista para que les dé a sus clientes un masaje mientras arregla sus impuestos Hay un número ilimitado de posibilidades cuando estás buscando tu originalidad.

A menudo solamente expresar que lo que haces es único y luego explotar ese punto es suficiente para hacer que la gente crea en ti. Este puede ser el caso, incluso cuando haya mucha otra gente que hace exactamente la misma cosa que tú. No importa qué negocio tengas, necesitas enfatizar una cualidad única, una que la gente perciba como invaluable.

Imprime una Lista de Beneficios/ Testimonios...

Se trata de una hoja que le puedes dar a toda persona que viene a ver los productos de tu tienda. Contiene las 4 cosas más importantes acerca de tu producto, o las 7 razones por las que el tuyo es el mejor de todos. Asegúrate de que usarlo siempre.

Alternadamente, imprime testimonios en ella es decir, citas directas de tus clientes anteriores acerca de lo bueno eres. Una mezcla de ambas puede trabajar muy bien. El beneficio de usar testimonios es que tus prospectos se sentirán tranquilos de que otra gente haya hecho negocios contigo y están satisfechos con los resultados. Al hacer esto, casi estás haciendo que tus clientes anteriores hagan las ventas por ti.

Si no tienes testimonios, pide a tus clientes anteriores que te los proporcionen. Algunos no van a querer hacerlo, pero sólo necesita unos cuantos que estén contentos de ayudarte y estará bien en el camino.

Este puede ser una muy buena manera de cerrar la venta. Si tu prospecto parece interesado pero no está listo para comprometerse, tener una lista de testimonios de clientes anteriores puede darle el último empujón. Por supuesto una hoja de beneficio puede hacer lo mismo, pero necesitas asegurarte que sólo darás los beneficios y no las características de tu producto.

Da Seguimiento Una Y Otra Vez...

No dejes que nadie se te vaya de las manos. Da seguimiento hasta el punto en el que el cliente comience a escucharse molesto contigo.

En este punto, continuar con el seguimiento probablemente dañará más tus oportunidades que lo que las incrementarás. Sigue llamando hasta que compren, o compren en otra parte. Hasta ese entonces, seguirán siendo prospectos viables.

Prueba diferentes técnicas para comunicarte con ellos de nuevo. Puedes tratar de explicarles que olvidaste mencionar la garantía extra que está disponible, o los planes de pago que tu tienda ofrece. Como último recurso podrías intentar llamarles para ofrecerles un precio más bajo. Si tomas esta vía de entrada, asegúrate de que expliques que se trata de una nueva promoción por única ocasión y que no va a durar mucho.

Muy frecuentemente tu persistencia redituará. Pero necesitas evaluar a tu prospecto antes de salir a hacer la venta. Si no tienen el dinero, o no estuvieran realmente interesados en tus artículos en primer plano, puedes perder mucho tiempo persiguiéndolos. Ve sólo tras las personas que son prospectos viables.

Número de transacciones
Ofrece Contratos de Servicio...
Si constantemente das servicio a las compras de tus clientes, sabrás cuando necesitan reemplazarlos. También tendrás la oportunidad directa de venderles accesorios, o conseguir referencias. Esto es especialmente aplicable cuando tu producto requiere una saludable cantidad de atención para mantenerlo funcionando apropiadamente y los nuevos modelos solamente salen cada varios años o algo así.

Haz los contratos de servicio con precios muy atractivos. Puesto que no sólo es un servicio sino también es una inversión en tus futuras ganancias. Si ellos siguen viniendo contigo, sabrás exactamente cuándo pueden necesitar un modelo más reciente. Sigue creando una relación fuerte con el cliente durante el periodo de servicio, y asegúrate de que estén satisfechos. Ciertamente compensará cuando vengan a comprar el modelo nuevo.

Mejor Servicio / Haz que tus Clientes se Sientan Especiales...

Parece obvio, pero tratar a tus clientes de una manera especial puede hacer una gran diferencia. Siempre ve un poco más allá, haz algo extra, dale ese toque extra que hace al cliente realmente recordarte. Ésta es una excelente idea para casi todo tipo de negocio, pero especialmente para aquéllos involucrados en el negocio de servicio. La gente te está pagando por la calidad de tu servicio así que, por qué no darles algo más de lo que esperan.

El éxito de esta estrategia se basa en qué tan bien haces sentir al cliente, y qué tan sorprendidos están ellos. Debes también asegurarte de no ir demasiado lejos y hacerlos sentir incómodos.

Pasa un poco de tiempo extra con cada uno, y no tengas miedo de desarrollar un lazo genuino con ellos, descubre cuáles son sus intereses, dónde viven, qué piensan.

Mantén un Contacto Regular...

Debes estar en contacto por lo menos una vez cada tres meses. Idealmente, manda algo por correo a tus clientes cada par de meses, incluso si es sólo una tarjeta postal con un mensaje gracioso. Esto es extremadamente importante para aquellos negocios que sólo hacen ventas cada año o en periodos largos como agencias de automóviles o agentes de bienes raíces. Una llamada telefónica para hacer una oferta especial es también una excelente idea. Recuerda, tu negocio es una de las más bajas prioridades en las vidas de tus clientes, ellos se **olvidarán** de ti si no mantienes la comunicación.

Necesitas juzgar qué tan apartada debe ser tu comunicación, en algunas industrias (como los salones de belleza), cada 6 semanas es perfectamente aceptable. En los negocios de automóviles, puede convertirse en algo molesto.

Maneja una Tarjeta de Programa de Compradores Frecuentes / VIP...

El método clásico de hacer que los clientes regresen, dales una tarjeta que se perfore cada vez que ellos compran, una tarjeta que los identifique como compradores o miembros frecuentes del club. Esto es grandioso para negocios con un producto o servicio que la gente compre regularmente por lo menos cada 4 semanas.

Quizás quieras ofrecer cada sexta compra gratis, o un regalo especial en la décima compra. Piense bien el número y lo que puedes pagar, pero se generoso. Si es una oferta pobre y patética, la gente estará completamente desinteresada. La tarjeta hace que la gente se sienta como si estuvieran trabajando por algo. Aun cuando puedan ir a otro lugar y conseguir el producto o servicio más barato, probablemente no lo harán, conseguirlo más barato no es tan divertido como entregar una tarjeta completa y recibir algo gratis.

El Producto de la Semana...

Haz una buena negociación en uno o más artículos cada semana y preséntalo a manera de oferta semanal. Ésta es una excelente manera de hacer que la gente esté al pendiente de ti... Es particularmente bueno si ofreces una amplia variedad de productos o servicios. Por ejemplo, una tienda al menudeo grande que vende miles de diferentes líneas. Agregado al efecto de vender más del 'producto de la semana' de lo que lo haría sin la presentación, animará a la gente a mantenerse en contacto. La gente adora una ganga, si les informas que habrá una cada semana, ellos mantendrán sus ojos abiertos y se abalanzarán sobre todo lo que les emocione.

Varía los tipos de productos que presentas, preséntales a tus clientes tu variedad completa. Y muy importante, asegúrate de tener suficiente existencia para soportar el incremento en la demanda.

Planea Compras Futuras...

Si tienes un producto que se está actualizando constantemente, por qué no ayudar al cliente, y planear sus futuras compras con él.

Resulta estupenda para tiendas de computadoras, agencias de automóviles y negocios por el estilo, lugares que venden productos que requieren actualización regularmente. Por ejemplo, una tienda de computadoras podría hacer una cita para llamarles en 12 meses y discutir una actualización. Una agencia de automóviles podría informar al cliente sobre el próximo periodo de emisión de modelos nuevos y hacer una cita tentativa para llamar.

Cuando llames, estarán encantados de que hayas cumplido tu palabra, y estarán impresionados de que lo hayas recordado, porque ellos no. Definitivamente te dirán si están listos para comprar, y de no ser así, te dirán cuándo.

Monto Promedio
Emplea una Lista de Verificación (Check List)...

Funciona similarmente al concepto de "Agregar a la Venta"; simplemente verificas tu check-list con tu cliente cuando compre un tipo de producto en particular.

Es excelente para tiendas minoristas con mucha variedad o para negocios que venden un artículo con muchos accesorios.

Por ejemplo, un negocio que vende un BBQ podría usar una lista de verificación que contenga carbón, cerillos, atizador, líquido de limpieza y ¡hasta salchichas! Cuando un cliente compra una lata de pintura, puede verificar la lista para ver si necesita brochas, solventes, escurridores, etc. Esta lista debería prepararse con anticipación y utilizarse para tantos productos diferentes como sea posible.

Otorga Facilidades de Pago...
Consiste en permitirles a tus clientes gastar más, dándoles la oportunidad de pagar en un periodo de tiempo determinado.

Es importante especialmente en compras grandes que no son esenciales; patios, albercas, etc. ... prácticamente toda compra que la gente puede posponer.

Por ejemplo, un negociante de aires acondicionados podría empezar dejando que la gente pague la compra en 12 meses. Esto casi seguro te traería más ventas puesto que los clientes podrían comprar casi inmediatamente.

Encontrarás que esto es particularmente benéfico si les estás vendiendo ascendentemente un producto que está más allá de su presupuesto original. Solicítalo simplemente a las empresas de finanzas o analiza la manera en que puedas proporcionar el servicio tú mismo.

Material de Punto de Venta...

Pueden ser, ya sea estantes diseñados especialmente para promocionar el producto y/o carteles o posters del mismo que generalmente proporcionan los propios proveedores.

Una vez más, perfecto para los negocios que tienen una gran variedad de artículos, aunque también resulta atractivo para los negocios que venden accesorios de respaldo a la compra principal.

No hay nada más efectivo que un mostrador de encendedores de PDV (Punto de Venta) en una tienda de cigarros, o un expendedor de refrescos en un gimnasio. Idealmente, los mostradores de PDV deben ser de algo que el cliente normalmente olvidaría pero que probablemente necesita. Si tu proveedor actual no te está proporcionando el "vendedor silencioso" entonces llama y pide que lo hagan. Si estás creando tus propios anuncios de punto de venta, recuerda concentrarte en los beneficios del producto. Incluir una lista de accesorios que comúnmente se compran con un artículo en particular puede impulsar las ventas.

Crea Paquetes en Oferta...

Ofrecerle al cliente artículos como parte de un paquete con un porcentaje de descuento resulta una excelente forma para comercializarlos. Esto puede aplicarse a muchos negocios, pero especialmente a aquellos con un alto volumen de clientes, como pueden ser: supermercados, farmacias y librerías. Imagina una librería que vende tres populares revistas de mujeres por el precio de dos. Muchas mujeres tomarán la oferta.

Simplemente, haz un paquete de productos relacionados y véndelos a un precio menor de lo que costarían individualmente. Puedes usar esto para deshacerte de los artículos que se mueven despacio incluyéndolos como parte de un paquete.

Asegúrate de que tus Clientes Conozcan tu Lista Completa de Productos y Servicios...

Pon letreros en todo el negocio para informarles a tus clientes de las otras cosas que haces.

Esto es muy importante para las tiendas minoristas que ofrecen servicio y reparación, entre otras cosas. Si la gente ya está en tu tienda, ¿por qué no anunciárselos mientras están ahí? Por supuesto que también se los puedes decir verbalmente. Un buen ejemplo es una tienda de regalos que ofrece bonos de masaje de regalo o lecturas de tarot con un psíquico de allí mismo.

Esta información debe incluirse en tu correo de salida, boletín de noticias y mensajes en el teléfono (cuando está en espera). También es importante que tu equipo de ventas eduque al cliente al respecto de estos productos mientras les sirven.

Entrena a tu Equipo...

Esto es tan sencillo como se escucha, ayuda a tu equipo a desarrollar sus habilidades para que puedan vender más y hacer mejores ventas ascendentes y ventas agregadas.

No hay negocio en el que esta idea no pueda ser aplicada. Un buen ejemplo es una pequeña tienda minorista que se acerca a ti para discutir líneas de uso que funcionarán para ventas ascendentes. Entonces ellos vienen con una lista y practican juntos.

Al entrenar a tu personal sobre la manera de vender y vender ascendentemente tus productos, puedes incrementar dramáticamente tu venta promedio. Tu equipo de ventas necesita conocer tus productos por dentro y por fuera. Esto hará que los clientes se sientan más cómodos cuando hacen una compra importante, dándoles así la tranquilidad de que están tratando con profesionales.

El objetivo es establecer un plan de negocio que te genere la Utilidad que se requiere, es por ello que para asegurar el buen desempeño del negocio es recomendable el implementar un sistema de indicadores clave de desempeño que de la información crítica para la toma de decisiones y acciones que el negocio requiere.

Principio 3: Convertir Utilidades en Flujo de Efectivo Operativo FEO

Uno de los principales retos dentro de los negocios es convertir la Utilidad Operativa en Efectivo Disponible. Para lograrlo es necesario el contar con un efectivo control del Capital Circulante del negocio.

Así como el combustible es la sangre de los vehículos, sin importar si es una camioneta que consume litros por kilómetros o un auto compacto que emplea unos cuantos litros para recorrer 100 kilómetros... el dinero es el combustible de los negocios y una adecuada gestión de este activo te podrá proporcionar la diferencia entre ser rentable o irte a la quiebra.

Indudablemente el director de una empresa PYME (Pequeña y Mediana Empresa) requiere de información clave para tomar decisiones sobre el funcionamiento presente del negocio y también para aprovechar oportunidades del futuro.

A estos fines, se debe tener en cuenta la relación **costo – beneficio** de la generación de la información y sobre todo, la relación **utilidad – tiempo** (costo del tiempo invertido por los directores en la lectura de la información versus la información leída).

El diagnostico y monitoreo permanente de determinados indicadores e información ha sido y es la base para mantener un buen control de situación en muchas de las disciplinas de la vida.

Como ejemplo de estos podemos señalar a la *medicina*, basada en mediciones para el diagnostico de la salud de los pacientes; a la *aviación*, cuyos indicadores de tablero de control sintetiza la información del avión y del entorno para evitar sorpresas y permite a los pilotos dirigir el avión a buen puerto; el tablero de un *sistema eléctrico* o de una *represa* son otros ejemplos.

La empresa como organización formal (e informal) es sujeta de parametrización en muchos de sus valores para facilitar el diagnostico y la toma de decisiones. Si bien hay indicadores genéricos para todas las empresas, especialmente en áreas como las económicas financieras, cada empresa o sector requiere definir las medidas de sus propias necesidades y definir quién y cómo van a monitorear esta información.

Es necesario generar metodologías para que los directores no se basen solo en su intuición y conocimientos o por la sola inteligencia existente en herramientas informáticas.

Existen varios indicadores financieros que muestran el desempeño de los negocios para crear y administrar el efectivo, personalmente recomiendo 6 que, a mi criterio, son básicos en todo negocio. Estos son:

- Monto de la cuenta Inventario
- Monto de Cuentas por Cobrar
- Monto de Cuentas por Pagar
- Monto del efectivo que ingresa
- Monto del efectivo que se paga o egresa
- Monto del efectivo Disponible (Banco y Caja) o Saldo

Los KPI (del inglés Key Performance Indicators) o Indicadores Clave de Desempeño, miden el nivel del desempeño de un proceso, enfocándose en el "cómo" e indicando qué tan buenos son los procesos, de forma que se pueda alcanzar el objetivo fijado.

Los indicadores clave de desempeño son métricas financieras utilizadas para cuantificar objetivos que reflejan el rendimiento de una empresa, y que generalmente se recogen en su plan estratégico. (Convertir la utilidad en flujo de efectivo).

Los KPIs son "vehículos de comunicación"; permiten que el dueño comunique la misión y visión de la empresa a los niveles jerárquicos más bajos, involucrando directamente a todos los colaboradores en la realización de los objetivos estratégicos de la empresa.

Son indicadores de la marcha, evolución y situación de la empresa en lo que a conversión de Efectivo se refiere. Son herramientas para la toma de decisiones. Sirven para suministrar la información necesaria para el control y la gestión del efectivo en la empresa.

El objetivo de cualquier sistema de medición debe ser motivar a todos los directivos y trabajadores para que pongan en práctica con éxito la estrategia de la unidad de negocio. Aquellas empresas que pueden traspasar su estrategia a sus sistemas de mediciones son mucho más capaces de ejecutar su estrategia porque pueden comunicar sus objetivos y metas.

Esta comunicación hace que los directivos y trabajadores se centren en los inductores críticos del flujo de efectivo y sus movimientos, permitiéndoles alinear las inversiones, las iniciativas y las acciones con la consecución de los objetivos estratégicos.

Estos indicadores tienen varias ventajas:

- Simplicidad en su lectura e interpretación
- Dinámicos (en contraposición con los estados contables que muestran información estática)
- Parcializados (según las necesidades del director)

De forma grafica podemos analizar el siguiente cuadro que nos muestra lo que se conoce como el GAP del flujo de Efectivo:

El GAP del Flujo de Efectivo Operativo:

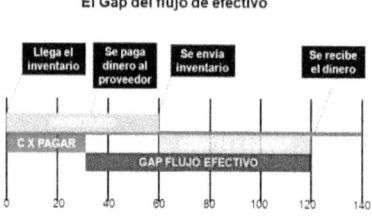

El Gap del flujo de efectivo

Día 0: Llega el inventario y se registra la compra (CXP)
Día 30: Se paga la compra
Día 60: Se realiza la venta y se genera la factura (CXC)
Día 120: Se cobra la factura
Días sin capital = 90 días (3 meses)
Con estos valores se puede perder toda la utilidad solo en el pago del financiamiento.

Estrategias posibles para corregir esta diferencia en tiempos y ausencia de dinero:

- Reduce la cartera vencida.
- Cambia los términos de pago o pide anticipos.
- Factura de inmediato.
- Pide más plazo a tu proveedor.

- Reduce el inventario.
- Pide cantidades más pequeñas en forma más frecuente.
- Establecer las políticas para dar créditos.
- Deja de surtir a clientes morosos

El Flujo de Efectivo

- ✓ El efectivo es el dinero REAL. Es dinero que se refleja en la cuenta bancaria
- ✓ El efectivo es lo que se utiliza para pagar deudas, empleados y servicios
- ✓ El efectivo es lo que paga a acreedores y proveedores, a los accionistas con retorno de su inversión, entre otros…
- ✓ El efectivo es el convenio dentro de una transacción
- ✓ El flujo de efectivo dice que tan bien se está haciendo el trabajo del Director/dueño, al convertir Utilidades en Efectivo

Inventario

Son todas las materias primas, productos en proceso y producto terminado (en una empresa de servicios es todo lo que ayuda a producir el servicio, las horas dedicadas y el servicio final). Si existe mayor inventario se tiene menos dinero disponible (circulante) la rotación de los inventarios es la estrategia global del negocio y no de un departamento, para controlar el dinero disponible que está destinado en esta cuenta.

Rotación de Inventarios RI $=$ $\dfrac{\text{Costo de artículo vendido}}{\text{Inventario promedio ([Inicial + final] / 2)}}$

Índice de Ventas / Inventario $=$ Ventas / Inventarios

Etapas para administrar Inventarios:
  a. Recopilar información útil
  b. Concentrar los esfuerzos (artículos más valiosos y tiempo de rotación)
  c. Predecir necesidad y ventas (JIT, base cero, etc.)
  d. Vigilar y controlar inventarios (revisión de pronósticos y rotación)

Existen varias estrategias orientadas a mover los inventarios de mejor manera, sin embargo recomiendo dos estrategias que suelen ser muy efectivas y rentables en los negocios con inventarios altos.

Ventas a Puertas Cerrada

Veamos las diferentes razones para ejecutar una venta a puerta cerrada para tus clientes...

Rápido Flujo de Efectivo... Algunas veces la venta a puerta cerrada es una excelente forma de impulsar las ventas del mes y rápidamente. Sé de un negocio que hace regularmente ventas a puerta cerrada, y tiende a facturar más en una noche que lo que hacen en un mes promedio.

Si este es tu objetivo, vas a necesitar concentrarte en un alto margen de utilidad. No hay realmente mucho sentido en la venta de mercancía de bajo costo si puedes pagar tus facturas de proveedores.

Mientras el objetivo sea sacar efectivo, solo estarás dañando tu empresa si vendes cosas muy baratas. Recuerda el único dinero que haces es de las UTIILDADES.

Un trato especial para tus clientes... Algunas empresas utilizan la venta a puerta cerrada puramente como un bono especial para sus clientes (detalle). Es un tipo de recompensa por su lealtad. Éste tipo de venta a puerta cerrada siempre funciona. Si las personas vienen a tu venta o no, ellos se sentirán especiales de que los invites. Puedes realmente jugar con este hecho en la carta de invitación.

Todas las ventas a puerta cerrada logran estos objetivos hasta cierto punto, pero si es tu objetivo principal, puedes sentir realmente el beneficio.

Referencias... Es verdaderamente una de las razones más inteligentes para hacer una venta a puerta cerrada. Invitas a todos tus clientes y haces del precio de entrada a la venta "un amigo quien nunca ha comprado en tu negocio"

Es correcto- si las personas quieren venir y beneficiarse de las asombrosas ofertas especiales, y económicas, tienen que invitar a un amigo con ellos.

No solo el amigo probablemente comprará algo en la venta, impulsarán la recaudación de la noche, hay una buena oportunidad que se convertirán en clientes regulares, especialmente si disfrutan y les gusta la mercancía que ofreces.

Seguido escucharas amigos de tus clientes decir "Normalmente voy a (uno de tus competidores), pero ellos nunca tienen nada como esto" Esa es precisamente el tipo de respuesta que quieres provocar. Los amigos empiezan a creer que se han estado perdiendo esto.

Limpiar Mercancía Vieja... A veces, hacer la venta a puerta cerrada es una buena forma de deshacerse de toda la mercancía que has tenido por siempre y aún no puedes vender.

Hay algo acerca de una venta especial que pone a las personas de buen ánimo para comprar. Incluso si has anunciado un articulo por debajo del costo y lo tenías en una pantalla con un gran letrero rojo que dice "Mitad de Precio" aún tienes una mejor oportunidad de venderlo en la venta a puerta cerrada.

Recuerdo una tienda de música con quienes trabajé. Tenían una particular guitarra en existencia por más de dos años. Era cara y modelo de alta calidad, aun así era un valor realmente bueno por el precio.

Sin embargo la tienda había intentado casi de todo por venderla, sin ningún éxito. Por último, el staff empezó a creer que la guitarra tenía algún tipo de mala vibra. Incluso trataron de venderla por el 70% menos del precio de COSTO, y aun así no había compradores.

Después hicieron una venta a puerta cerrada. Salieron con un descuento más moderado del 25% menos del precio. Dentro de los primeros 30 minutos de venta, se fue la guitarra. Aunque no hicieron mucho dinero de la venta de la guitarra, convirtieron el instrumento en efectivo, lo cual pudo ser usado para pagar facturas y comprar nueva mercancía.

Crea paquetes de Compras (Ofertas)

Si tu venta realmente será un éxito, necesitas buenas ofertas. Las personas quizá vengan porque se sienten especiales, pero no comprarán a menos que tengas algo en oferta que perciba que es una real oferta económica de una vez en la vida.

Entonces ¿cómo obtienes estas buenas ofertas y aun así hacer dinero?   Primero es tu proveedor -Pregúntales qué están dispuestos a darte a cambio de una pequeña exposición extra. No solamente estarás presentando a muchos clientes nuevos su producto a través de la venta, también estarás ayudando a tu proveedor a subir sus cifras de ventas.

Después de eso, haz un balance y trabaja en todas las cosas que han estado ahí por mucho tiempo. Sacrifica esos artículos al costo o por debajo del costo, después no compres nunca esa línea de nuevo.

Después, observa tus artículos cada día y piensa en el tipo de trato que puedes ofrecer.

Recuerda que las personas no son tontas. Si ofreces buenos tratos en una línea que no es del todo popular, sin incentivo en los productos que ellos quieren, tus clientes rápidamente juzgarán la oferta como una pérdida de tiempo- Ni siquiera vendrá o se irán rápidamente.

No tengas una simple reducción de precio -hay formas más creativas para aparecer con un buen convenio o trato.

Agregar Valor con un Costo Bajo

Costo bajo se refiere a productos, servicios o agregar extras que puedes combinar con tu producto estándar para hacerlo más atractivo e incrementar su valor percibido, pero no añadas mucho a tus costos.

Para que ésta estrategia sea efectiva el extra debe tener un alto valor percibido, en otras palabras tus clientes deben ver el beneficio agregado como un gran valor.

El Paquete Oferta…

Al empaquetar productos y servicios juntos creas una combinación más comercial. Hay un alto valor percibido cuando tus productos o servicios son empaquetados, tus clientes querrán comprar más, simplemente por los productos extras que obtienen cuando compran un producto que ya quieren.

Descuentos y Ofertas de Bonos…

Más a menudo un descuento te costará tus ganancias. Una mejor forma de limpiar la mercancía y generar un negocio extra es tener una oferta "2 a precio de 1." O intentar un "Compre uno de éste y obtiene uno de estos GRATIS."

Ofertas GRATIS...

Sacando algo absolutamente gratis es a menudo una brillante forma de obtener personas en tu venta. Ofrecer un "soborno" para atraerlos a la puerta inicialmente, después un buen servicio y otras buenas ofertas para animarlos a comprar más. No tienes que reducir el precio- hay más formas creativas de llegar con mejores tratos.

Cuentas por Cobrar

¿Qué son las cuentas por cobrar?

Son derechos exigibles originados por ventas, servicios prestados, otorgamiento de préstamos o cualquier otro concepto análogo. (Incluye documentos por cobrar).

¿Qué representan las Cuentas por Cobrar?

Representan el crédito que concede la empresa a sus clientes, sin más garantías que la promesa de pago en un plazo determinado.

¿Qué es el crédito?

La palabra crédito proviene del latín "credere" que significa "tener confianza", que al mismo tiempo encierra un "riesgo crediticio" por la confianza otorgada en que el deudor pagará el importe de la operación.

Funciones básicas del Crédito:

1. Incremento del consumo, ya que permite que ciertos sectores de la población (generalmente de bajos ingresos) adquieran bienes y servicios que normalmente no podrían adquirir en pago de contado.

2. Fomento de uso de todo tipo de bienes y servicios.
3. Ampliación y apertura de nuevos mercados, al dotar de poder de compra.
4. Efecto multiplicador en la economía, por aumentar el consumo y estimular la producción.

La administración de las Cuentas por Cobrar

Forma parte de la administración financiera del capital de trabajo, que tiene por objeto coordinar los elementos de una empresa para maximizar el patrimonio y reducir el riesgo de una crisis de liquidez y ventas, mediante el manejo óptimo de variables tales como políticas de crédito comercial concedido a clientes y estrategia de cobros.

Generalmente en la empresa la inversión en cuentas por cobrar representa una inversión muy importante ya que representan aplicaciones de recursos que se transformarán en efectivo para terminar el ciclo financiero a corto plazo.

Indicadores de Cuentas por Cobrar

Una de las medidas para conocer la inversión que se tiene en cuentas por cobrar es la relación de la inversión al capital neto de trabajo y se obtienen a través de la siguiente razón:

Cuentas por cobrar a $= \dfrac{\text{Cuentas por cobrar}}{\text{Capital neto de trabajo}} = \dfrac{6,150}{9,014} = 68.23\%^{***}$
Capital neto de trabajo

*** El resultado de 68.23% representa la dependencia que el capital de trabajo tiene en la inversión de cuentas por cobrar.

Otra de las medidas para conocer la relevancia de la inversión en cuentas por cobrar es la proporción que guarda dentro del activo circulante, a través de la siguiente razón:

Cuentas por cobrar =	Cuentas por Cobrar	$= \dfrac{6,150}{15,620} =$	39.37%***
a activo circulante	Activo Circulante		

*** El resultado de 39.37% representa la importancia que la inversión en cuentas por cobrar tiene en el total de la inversión del activo circulante.

Nivel de Inversión

La inversión de las cuentas por cobrar se determina por el volumen de las ventas a crédito y por el plazo promedio en días que transcurre entre la fecha de venta y la fecha de cobranza. Para medir la inversión en cuentas por cobrar se efectúan pruebas de liquidez.

Se calcula generalmente la relación que existe entre las cuentas por cobrar y las ventas, como sigue:

Cuentas por Cobrar =	Cuentas por cobrar [1]	$= \dfrac{6,150}{17,185} =$	35.79%***
a Ventas	Ventas a crédito		

*** El resultado representa el porcentaje de las ventas anuales que están pendientes de ser liquidadas por los clientes.

[1] Cuando las cuentas por cobrar incluyen el (IVA), éste se debe deducir para que sean comparables con las ventas.

Otro indicador es el **promedio de cobranzas o Rotación de Cuentas por Cobrar**: se obtiene tomando como base el resultado de la razón "cuentas por cobrar a ventas" multiplicado por los días del año (365) para obtener los días de crédito, o por 12 para obtener los meses. (Plazo promedio de cuentas por cobrar).

Cuentas por cobrar	x días en el año	= *días de cartera*
0.357	365	130

Cuentas por cobrar	x meses en el año	= *mes de cartera*
0.357	12	4.3

Esta medida es válida en empresas cuyo ciclo financiero no implica variaciones importantes en sus ventas mensuales promedio.

Rotación de cuentas por cobrar cuando hay variaciones en las ventas

El procedimiento es el siguiente:

Restarle a la inversión en cuentas por cobrar el total de la venta neta del último mes, que representa 30 días, y así sucesivamente hasta dejar un residuo que debe dividirse entre las ventas del mes y multiplicarse por 30 para obtener el número de días que representa.

Si varía el número de días de un indicador con respecto a otro, se debe a que se trata de una empresa con ventas estacionales, en la que no se puede aplicar la rotación promedio.

Los cambios en la razón pueden indicar cambios en las políticas de crédito ó cambios en la capacidad de cobranza, o una combinación de ambas.

La buena o mala administración de las cuentas por cobrar afecta directamente la liquidez de la empresa.

	Días
Cuentas por cobrar	6,150	
(-) Ventas último mes	2,100	30
	4,050	
(-) Ventas penúltimo mes	3,000	30
	1,050	
(-) Ventas antepenúltimo mes	3,150	
(1,050 / 3,150) =.33333333 x 30		
=		10
Total de días		70

Políticas de Crédito

Proceso que comprende las actividades encaminadas a la decisión de conceder crédito a clientes y aquellas encaminadas a recuperarlas, que permita elevar al máximo el rendimiento sobre la inversión.

Entre las más importantes se puede mencionar:
1. Reducir al máximo la inversión de cuentas por cobrar en días de cartera.
2. Administrar el crédito con procedimientos ágiles y términos competitivos.
3. Evaluar el crédito en forma objetiva.
4. Mantener la inversión en cuentas por cobrar al corriente, evitar la cartera vencida.
5. Vigilar la exposición de las cuentas por cobrar ante la inflación y la devaluación.

¿Cómo evaluar las políticas de crédito?

El crédito debe pulverizarse, no es conveniente tener un solo cliente, debe diversificarse para que los riesgos, de falta de cobro no afecten a la empresa en forma importante. Es importante analizar el crédito: una herramienta conocida es a través de las cinco _"C's"_.

Conducta (Reputación): Historial del solicitante para satisfacer sus obligaciones financieras, contractuales y morales. Es una medida cualitativa.

Factores a estudiar:

- Grado de evidencia en información.
- Experiencia de pago.
- Conocimiento del cliente.

Capacidad: La disposición del solicitante de pagar el crédito solicitado. Juicio subjetivo de posibilidades del cliente. Es una medida cuantitativa que se examina a través de la información financiera histórica.

La información a evaluar es:

- Operación histórica (tendencias en ventas y utilidades).
- Capacidad de generar flujos de efectivo.

Capital: La solidez de la estructura financiera del solicitante, evaluando la congruencia de los recursos solicitados con su giro principal.

Los factores a evaluar son:

- Analizar su ciclo económico.
- Analizar sus recursos de deuda y de capital.
- Analizar la rentabilidad tanto de la inversión como del patrimonio.

Colateral: Importe de los bienes ofrecidos por el cliente como garantía del crédito concedido. Pueden constituirse con las propias garantías del bien o con otros bienes dados en garantía como seguridad del pago del crédito solicitado.

Factores a considerar:

- Fuentes alternas de pago.
- Contratación de seguros.

Condiciones: Determinar el comportamiento de la industria en su conjunto. En esencia, el objetivo consiste en definir cuál será la capacidad del solicitante de un país determinado.

Términos de pago en función de la situación empresarial actual y de las tendencias económicas generales del país.

Factores a considerar:

- Riesgo sectorial.
- Ventajas competitivas.
- Nivel tecnológico.
- Grado de influencia.

¿Cómo obtener información crediticia de los prospectos?

Principales fuentes externas de información crediticia:

- Dun & bradstreet, inc. agencia estadounidense mas grande de información crediticia
- Agencias de intercambio red nacional de agencias que intercambian información crediticia.
- Estados financieros del solicitante de los últimos dos años (dictaminados), parciales recientes y en su caso declaraciones anuales y provisionales (ISR).
- Cámaras empresariales dependiendo del sector al que pertenezca la empresa.
- Verificación bancaria el banco de la empresa que ha de otorgar el crédito podrá obtener información crediticia del banco del solicitante.
- Verificación comercial créditos otorgados por otras empresas similares del medio al solicitante.
- Buró de crédito empresa mexicana que proporciona información sobre la experiencia crediticia de personas físicas y morales.

Términos y Condiciones del Crédito

Las condiciones del crédito especifican:

- Periodo durante el cual se extiende el crédito
- El descuento si existe por pago de contado o pago anticipado
- El tipo de instrumento de crédito.

*** Mucho cuidado con los períodos estacionales o cíclicos.

Período del Crédito: El otorgamiento de más días de crédito estimula las ventas, pero tiene un costo financiero al inmovilizar la inversión en cuentas por cobrar; aumentando los días de cartera y disminuyendo la rotación.

No se debe ser tan flexible, se debe analizar los efectos que producen para responder al cambio de la competencia y así mantener la participación en el mercado.
Factores a considerar: tamaño del cliente, tipo de producto, importe de la cuenta, costo de la administración, riesgo, entre otros.

Descuentos por pronto pago: Incentivo que se ofrece a los clientes cuando pagan dentro de un período condicionado, es decir, "es la reducción en el precio de venta" sin dejar de mantener la calidad del producto, el cual comienza a contar a partir del inicio del período de crédito comercial.

Se utiliza como estrategia agresiva contra la competencia. El descuento debe tener como referencia el costo del dinero en el mercado.

Políticas de Cobro
"La cobranza es el reflejo de la Situación de la empresa"
Se refiere a los procedimientos que se siguen para obtener la recuperación de las cuentas por cobrar vencidas o a su vencimiento. Esta política es muy variable y está condicionada al mercado y giro del negocio. Pero como modelo se puede utilizar la matriz de cobranza siguiente:

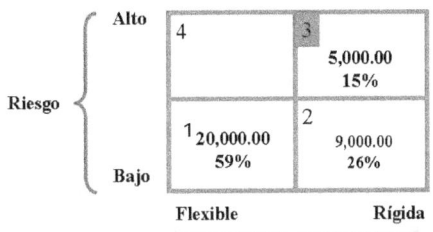

Cobranza

Cuadrante 1. Riesgo bajo, cobranza flexible. Estrategias: teléfono, fax, cartas de cobro, etc.

Cuadrante 2. Riesgo bajo, cobranza rígida. Estrategias: visitas personales, detener embarques, negar mercancía, cancelar crédito, etc.

Cuadrante 3. Riesgo alto, cobranza rígida. Estrategias: agencias de cobro, procedimientos judiciales, etc.

Cuadrante 4. Riesgo alto, cobranza flexible. Estrategias: de "negociador"- plan de pagos, adjudicación, etc.

Control de las Cuentas por Cobrar

1. Analizar la conveniencia de otorgar descuentos por pronto pago y/o ampliar términos y condiciones.
2. Implementar el cobro de intereses moratorios.
3. No descuidar la oportunidad de la facturación y entrega.
4. Utilizar sistemas automatizados para administrar la cartera.

Factoraje

Se puede obtener financiamiento con la "venta" de las cuentas por cobrar (Factoring), que significa factoraje.

El factoraje es una operación de financiamiento de corto plazo por medio del cual las empresas y las personas físicas con actividad empresarial pueden tener acceso a capital de trabajo para impulsar su crecimiento a partir de la cesión de sus cuentas por cobrar vigentes (facturas, contra recibos, títulos de crédito, etc.) a una empresa de factoraje.

Efectos de la Inflación

Las cuentas por cobrar son activos monetarios porque representan un determinado número de unidades monetarias por cobrar, por lo que no son susceptibles a modificar su monto y por lo tanto no pueden corregirse ya que su importe permanece por el mismo número de unidades que representan.

La administración de la empresa tendrá que decidir la acción a seguir, valorando el costo de una cartera elevada, midiendo con los índices la inflación (la pérdida del poder adquisitivo), contra la recuperación inmediata.

Cuentas por Pagar

- La existencia de una política es más que una necesidad, una obligación.
- Cobrar rápido y pagar lento... Pero recordar que es contraproducente si hay...
  - o   Proveedores insatisfechos
  - o   Pérdida de credibilidad
  - o   Riesgo de suministros
- Es preferible ser consistente y no demorar los pagos, 30 días ⟹ Cheque en caja en 30 días.
- Alternativa: Estratificar proveedores (80-20):
  - o   Cuentas pequeñas ⟹ Pago rápido
  - o   Cuentas grandes ⟹ Demorar algo más

Gestión de deuda a corto plazo

- Las relaciones con los bancos son de primera importancia en el manejo de una empresa sana
- Es necesario establecer múltiples relaciones antes de que realmente sean necesarias
- Contactos permanentes con representantes
- La verdad por delante

- La deuda a corto plazo $\Rightarrow$ Importante herramienta de crecimiento

¿Pido prestado al banco o me financio con el proveedor?

$$\text{Costo de pagar adelantado} = \frac{\% \text{ Descuento}}{1 - \% \text{ Descuento}} \times 360 \,/\, (\text{diferencia de días})$$

¿Un 3 % de descuento por pagar a 30 días y no a 90 días, a que tasa corresponde?

$$\text{Costo de pagar adelantado} = \frac{0.03}{1 - 0.03} \times 360 \,/\, (90\text{-}30) = \underline{18.56 \%}$$

Si el banco me financia a una tasa menor al 18.56 % $\Rightarrow$ Pido prestado y tomo el descuento

Un empresario con el que trabajé pasaba sus días consiguiendo dinero de sus cuentas por cobrar para inmediatamente enviarlo a sus proveedores, este había sido su modo de operar desde hacía ya unos 3 años, de manera que el solo hecho de levantarse para ir a su negocio significaba una serie de emociones negativas y desgastantes, pues cada día tenía el mismo reto pero con circunstancias distintas… de manera que después de un mes de estar midiendo su desempeño implementamos una estrategia que le devolvió la vida y la pasión por su negocio.

La estrategia consistió en hablar con todos sus proveedores y solicitarles le autorizaran el que corriera la deuda en una semana, que por razones de falta de flujo por la cobranza no les pagaría en ese semana pero que se comprometía a pagarles la siguiente semana. Casi todos aceptaron y corrieron la deuda una semana, bajo la promesa de pago. De esta manera se centró esa semana en recolectar el dinero necesario para cumplir su promesa la siguiente semana, de forma que si un cliente se retrasaba en el pago tendría una semana para cobrarle pero ya sin la presión de tener que pagar él a sus proveedores en ese día.

Esta estrategia le permitió trabajar en la recolección de su cartera para pagar compromisos de la siguiente semana, lo que le restó presión laboral y le permitió dejar tiempo para dedicarse a buscar nuevas formas de hacer crecer el negocio.

Establece un día de recibo de facturas y de pago a proveedores...

Esto es tan simple como definir la política que únicamente se pagan los días jueves de x a y horas.

Con esta estrategia se logra que únicamente se dedique el tiempo necesario para atender las cuentas de los proveedores, podrás tener un presupuesto para pago a proveedores y le dará estructura al manejo eficiente del dinero.

Si utilizas un día distinto para la recepción de facturas y un día para el pago a proveedores tendrás un crédito extra que no les molestará a tus proveedores si les cumples en los plazos.

Establece Presupuestos de Gastos Mensualmente...

Esta técnica se trata de establecer un presupuesto por mes que, independientemente de las circunstancias, no debe sobrepasarse.

Esto es importante si deseas que tu negocio permanezca viable. Al establecer presupuestos de gasto mensuales y apegarse a ellos, puedes asegurarte que nunca estarás en una situación en la que tu empresa tenga más dinero saliendo que entrando.

Por supuesto, si es imposible establecer tu presupuesto más bajo que tu ingreso esperado, necesitas preguntarte qué está sucediendo. Quizás esta guía de mercadeo pueda ayudarte en esa área. Es necesario que recuerdes también que algunas veces tienes que gastar dinero para obtener dinero.

Permítele a Tu Equipo Comprar Sólo con una Orden de Compra Autorizada...

Esto se aplica cuando utilizas un sistema de orden de compra; tu equipo tiene que llenarla y obtener autorización antes de comprar cualquier cosa.

Sólo de esta forma puedes mantener el control del dinero que se gasta. Esto no significa necesariamente que no confíes en tu personal, sino que deseas asegurarte que tu dinero sólo se esté gastando en lo más esencial.

Esto puede hacer las cosas más lentas, en especial si no estás presente todos los días y cada minuto. Usualmente, resulta una pequeña inconveniencia a cambio de un gran beneficio. Quizá te sorprenda saber cuánto dinero se gasta innecesariamente en tu negocio. No es precisamente que tu equipo quiera hundirte; simplemente no entienden el negocio tan bien como tú, y no entienden las cifras involucradas para conservar el negocio rentable.

Compra en Volumen, Paga y Recibe a Plazos...

Bajo esta estrategia ordenas una cantidad grande, aprovechando así los beneficios de comprar por volumen.

El truco consiste en pagar en una serie de meses y solamente recibir un poco en una ocasión; la mayoría de los mayoristas se sienten satisfechos con este arreglo. Haces un compromiso de seguir comprándoles y sólo te envían lo que se ha pagado.

Esta es una magnífica idea si tienes artículos más pequeños que se mueven rápidamente. Ordena una cantidad en volumen a tu proveedor y luego arregla que te envíen una cantidad fija cada mes. Luego paga por cada embarque cuando llegue. Algunos proveedores podrán querer tener el pago garantizado. Bajo estas circunstancias habla con tu gerente de banco y arregla una línea de crédito revolvente. De esa manera el dinero estará garantizado ante la presentación de la factura.

Así, no tendrás dificultad para pagar por el lote completo en un sólo pago, permitiéndote invertir tu dinero en otra cosa.

Como ejemplo mostraré a continuación una política de compra y pago a proveedores de una empresa, con la que se puede ilustrar el empleo de varias estrategias mencionadas en este apartado para controlar el flujo de efectivo de la empresa.

POLÍTICA DE COMPRAS Y PAGO A PROVEEDORES

OBJETIVO
Establecer la normatividad específica que permita administrar y mantener un control en el procedimiento de adquisiciones y pagos a proveedores para la buena salud financiera de la empresa.

ALCANCE

A todo el personal que por funciones tenga la necesidad de realizar compras de mobiliario, equipo, materiales y contratación de servicios para cubrir las necesidades de la empresa.

RESPONSABILIDAD

Es responsabilidad de cada Gerencia de área identificar las necesidades de compras de mobiliario, equipo, materiales y servicios que permitan el desarrollo adecuado y eficiente de las operaciones de la empresa y funcionalidad de la misma.

POLITICA

A) Política de compras –ejemplo-

1) Las compras menores a $2,000.00 (Dos mil pesos 00/100) podrán realizarse a través de caja chica de cada área. Para esto se extenderá un vale provisional de caja chica a nombre del solicitante el cual será responsable de comprobar el gasto presentando la factura correspondiente como plazo máximo 2 días después de la fecha de solicitud.

En los casos que el solicitante no presente comprobante alguno (factura) del gasto efectuado, tendrá que reponer el efectivo a la caja chica para que pueda proceder la cancelación del vale provisional previamente firmado por el solicitante.

2) Las compras cuyos montos sean mayores a $2,000.00 (Dos mil pesos 00/100) y menores de $25,000.00 (Veinticinco mil pesos 00/100) deberán ser previamente autorizadas por el Gerente de área correspondiente, esto podrá ser vía correo electrónico, o dejando evidencia de firma y nombre sobre la

cotización y/o factura según sea el caso. Las autorizaciones serán como sigue:

Gastos relacionados con:

Área Comercial – Gerente Comercial

Área Administrativa y Mercadotecnia – Gerente Administrativo

Área de Operaciones – Gerente de Operaciones

3) Las compras cuyos montos sean superiores a $25,000.00 (Veinticinco mil pesos 00/100) deberán ser previamente autorizadas por el Director General sin excepción alguna. Las compras mayores a $25,000.00 pesos deberán ser cotizadas al menos con 3 proveedores, para esto se deberá considerar lo siguiente:

- Precio.
- Posibilidad de descuento por volumen y pronto pago.
- Calidad.
- Costo de embarque hasta el lugar donde se requiera.
- Garantía.
- Tiempo de entrega.
- Soporte técnico.
- Forma de pago.

Las cotizaciones deberán ser impresas y anexarlas como papelería soporte de haber realizado correctamente este procedimiento.

4) Toda factura y mercancía que se reciba del proveedor deberá ser revisada detalladamente por el solicitante el cual firmará de recibido. En los casos que existan irregularidades en el material recibido o servicio, el solicitante se encargará de hacer las reclamaciones correspondientes.

B) Política de pago

1) Los pagos a proveedores cuyos montos rebasen los $2,000.00 (Dos mil pesos 00/100) se harán sin excepción alguna los días _____ de cada semana. Estos pagos se efectuarán mediante cheque nominativo o transferencia electrónica.

2) El trámite de pago estará a cargo del área administrativa, ya sea en efectivo o por medio de cheque o transferencia y será necesario presentar la factura original.

3) Cuando se realicen pagos de anticipos a proveedores, será necesario exigir al proveedor que nos entregue la factura por el importe igual al anticipo pagado.

4) En los casos que por excepción se realicen pagos a proveedores donde no se cuente con factura original, el solicitante se hará responsable de dar el seguimiento adecuado para la recuperación de la factura y la entregará al departamento de Administración. Favor de dirigirse con el Gerente Administrativo.

5) En caso de no respetar el punto anterior, los próximos pagos a proveedores que estén pendientes de enviar sus facturas serán detenidos por la Administración hasta que la documentación soporte de cheques emitidos o transferencias bancarias se encuentre al corriente.

Control del Efectivo Disponible

La Administración Financiera es el área de las finanzas que aplica el proceso administrativo, dentro de una empresa pública o privada, para crear y mantener valor mediante la toma de decisiones y una administración correcta de los recursos. Tiene objetivos bien claros que son:

- Planear el crecimiento de la empresa, tanto táctica como estratégicamente
- Captar los recursos necesarios para que la empresa opere en forma eficiente
- Asignar dichos recursos de acuerdo con los planes y necesidades de la empresa
- Lograr el óptimo aprovechamiento de los recursos financieros
- Minimizar la incertidumbre de la inversión

La función financiera es el conjunto de actividades por medio de las cuales la administración de la empresa busca la obtención, asignación y uso óptimo de los fondos, en las más favorables condiciones para que el capital (efectivo), como recurso, aporte su mejor contribución al conjunto de objetivos de la empresa.

Existen varios métodos de análisis de los hábitos en cuanto al manejo del efectivo en los negocios, sin embargo el más simple y funcional que he encontrado se centran en el conocimiento, planificación y control del Flujo de Efectivo diario, éste método inicia conociendo los tres puntos generales en toda operación, que son:

- Efectivo que ingresa al negocio
- Efectivo que sale del negocio
- Efectivo que queda disponible en las cuentas de caja y bancos

Efectivo que Ingresa al Negocio:

Es toda cantidad de dinero que ingresa a la(s) cuenta(s) del negocio, su procedencia puede provenir de ventas en efectivo, cobro a clientes, inyecciones de capital de socios o préstamos, devoluciones de impuestos y otros ingresos no operativos. El punto central en este parámetro de evaluación es registrar TODO el ingreso que se tiene a diario en la empresa, es decir el monto total, no tanto su procedencia.

Efectivo que Sale del Negocio:

Es toda cantidad de dinero que sale de la(s) cuenta(s) del negocio, su destino puede ser pago a proveedores, pago a acreedores, pago de servicios, pago de nomina, pago de impuestos, pago de intereses y otras inversiones.

El punto central en este parámetro de evaluación es registrar TODO el efectivo que sale a diario en la empresa, es decir el monto total, no tanto su destino.

Efectivo Disponible:

Es la cantidad de dinero que queda en la(s) cuenta(s) del negocio. Lo importante aquí es registrar TODO el efectivo disponible que queda en la(s) cuenta(s) a diario en la empresa.

Con la información de estos tres parámetros se puede conocer cuáles son los hábitos de consumo del negocio, si hay o no una planificación del manejo del disponible… que en gran medida es uno de los puntos con mayor debilidad de las empresas y donde generalmente se debe de evaluar las áreas de oportunidad para crecer y lograr los objetivos.

Estrategia y Mejores Prácticas
(Modelo de reporte y tablero)

Formar un departamento de tesorería

Como lo dice su nombre, la intención es dejar un responsable que sea el encargado de administrar el dinero de la empresa, con el objetivo claro de mantenerla solvente y a flote con el buen uso de este recurso. Es aconsejable el determinar una política en cuanto a los pagos o salidas del efectivo.

Hacer un presupuesto del Flujo de efectivo

Si no conoces en qué vas a invertir el efectivo que recuperas, es poco probable que logres hacer crecer el negocio y apoyes las estrategias de crecimiento. Además que esto permite el evaluar nuevas opciones de inversión e innovación en el negocio.

Establece metas de crecimiento del negocio

Muchos empresarios desconocen este procedimiento, si no tienes la meta de hacer crecer el negocio es muy difícil que lo hagas, es importante el establecer una meta cuantitativa y enmarcada en el tiempo, con el objetivo de poder evaluar el desempeño en la gestión del negocio.

El cuadro siguiente es un formato propuesto para poder tener la información del control del Flujo de Efectivo y de las operaciones importantes del negocio, es un formato básico y general, que se deberá adecuar a cada negocio en lo particular.

Control Modelo

		Presupuesto	Real	Diferencia
	VENTAS			
1	Ventas Contado			
2	Ventas Credito			
3	Devoluciones			
4	Total Ventas (1+2-3)			
	INVENTARIOS			
5	Inicial			
6	Compras			
7	Costo de la devolucion			
8	Salidas (Costo de lo Vendido)			
9	Total de Inventario (5+6+7-8)			
	Cuentas Por Cobrar			
10	Inicial			
11	Cobranza			
12	Total de CXC (10+2-11)			
	Cuentas Por Pagar			
13	Inicial			
14	Pagos a Proveedores			
15	Total CXP (13+6-14)			
	Flujo Operativo FEO			
16	Saldo en Caja			
17	Saldo en Bancos			
18	Ingresos (1+11)			
19	Pagos efectuados			
20	Saldo (16+17+18-19)			

Si se revisa de forma consistente diariamente (este proceso toma no más de 1 hora al día) podrás tener visión general del negocio y la posibilidad de crecimiento. Con la información proporcionada en el mismo se pueden tomar las decisiones respecto a qué estrategia utilizar para corregir, modificar o mejorar las condiciones del negocio.

¿…Y AHORA QUÉ?

En este punto del viaje para controlar y hacer crecer tu negocio, lo importante es aplicar aquellas estrategias, tácticas y actividades que mejor se adapten a tu dinámica empresarial y se transformen en RESULTADOS que te acerquen o sobrepasen a los ¡proyectados!

Jaime

Contáctanos…
Email: jaimegzz@tbssystem.com
        jaimedg@prodigy.net.mx
Facebook: facebook.com/jaimedgr

SOBRE EL AUTOR
Jaime David González Rosales

Jaime nació en Guatemala, estudió la carrera de Ingeniería Electrónica, posee una maestría en Ingeniería de Negocios y un doctorado en Diseño e Ingeniería de Productos.

Resumen de experiencia, competencias, habilidades y conocimientos

- Más de 20 años de experiencia ejecutiva en puestos de Jefaturas, Gerencia y Dirección en las áreas de Dirección General, Desarrollo Estratégico, Marketing, Comercial y Operaciones.
- Desarrollo profesional como Consejero Empresarial y capacitador de Negocios con un Certificado de Coach de Negocios por Action Coach Latinoamérica y varios estudios en Programación Neurolingüística y Desarrollos Empresariales y de Productos por Internet.
- Aplicaciones de Ingeniería de Negocios en entornos Empresariales, Industriales y Comerciales con énfasis en la eficiencia administrativa por medio de implementación de estrategias y un correcto seguimiento y mejora de las cuentas que determinan el Flujo de Efectivo Operativo.
- Comprometido con los sistemas y procedimientos para el aseguramiento de las mejores prácticas y una administración del personal por medio de evaluaciones y análisis de puestos por competencias y eficiencia laboral del equipo de trabajo.

Objetivo Personal
Apoyar a los Empresarios y Ejecutivos a encontrar soluciones simples a sus retos personales y/o profesionales buscando su desarrollo personal en el proceso.